Aspira a lo más alto

Mike Massimino

Aspira a lo más alto

La guía de un astronauta de la NASA
para alcanzar lo imposible

EDICIONES OBELISCO

Si este libro le ha interesado y desea que le mantengamos informado
de nuestras publicaciones, escríbanos indicándonos qué temas son de su interés (Astrología, Autoayuda,
Ciencias Ocultas, Artes Marciales, Naturismo, Espiritualidad, Tradición…)
y gustosamente le complaceremos.

Puede consultar nuestro catálogo en www.edicionesobelisco.com

Colección Éxito
Aspira a lo más alto
Mike Massimino

1.ª edición: abril de 2025

Título original: *Moon Shot. A NASA Astronaut's Guide
to Achieving the Impossible*

Traducción: *David George*
Corrección: *Sara Moreno*
Diseño de cubierta: *Enrique Iborra*

© 2023, Michael J. Massimino
Edición en español publicada por acuerdo con Hachette Go, sello editorial de
Perseus Books, LLC., empresa perteneciente a Hachette Books Group Inc., NY, USA
(Reservados todos los derechos)
© 2025, Ediciones Obelisco, S. L.
(Reservados los derechos para la presente edición)

Edita: Ediciones Obelisco, S. L.
Collita, 23-25. Pol. Ind. Molí de la Bastida
08191 Rubí - Barcelona - España
Tel. 93 309 85 25 - Fax 93 309 85 23
E-mail: info@edicionesobelisco.com

ISBN: 978-84-1172-265-0
DL B 3125-2024

Printed in Spain

Impreso en España en los talleres gráficos de Romanyà/Valls S. A.
Verdaguer, 1 - 08786 Capellades (Barcelona)

Dedicado al equipo de la NASA (pasado, actual y futuro) por pavimentar el camino para que los sueños de la gente, incluidos los míos, se hagan realidad.

PRÓLOGO

Nunca he sido lo que considerarías un astronauta normal. Admito que cuando finalicé mis estudios en el instituto, no era exactamente el próximo Neil Armstrong. Era un muchacho desgarbado y flacucho de clase obrera de Long Island que tenía mala vista y miedo a las alturas. No conocía a nadie implicado en el programa espacial. Ni siquiera disponía de alguien a quien le pudiera hablar sobre cómo encontrar a gente involucrada en el programa espacial. No tenía ninguna hoja de ruta ni ninguna pista. Pese a ello, lo conseguí. Tuve, simplemente, la inteligencia, el talento y la suerte suficientes, pero lo que más tuve fue determinación, perseverancia y coraje, combinados con una pasión que me hacía seguir cada vez que me caía, y me caí muchas veces.

Curiosamente, desde que abandoné la NASA en 2014, los rasgos del carácter que me hicieron ser «un astronauta que no era normal» me han permitido, de hecho, convertirme en un excelente antiguo astronauta. Mediante mis apariciones en la serie televisiva *The Big Bang Theory*, los noticiarios estadounidenses, los programas de televisión nocturnos y con incontables colaboraciones especiales con el National Geographic y el canal de televisión Discovery Channel, he podido conectar y comunicar al público de todo el mundo cómo es realmente el programa espacial y qué significa realmente ir al espacio.

Al desempeñar ese papel a lo largo de los últimos nueve años, junto con mi docencia en la Universidad de Columbia, he dado centenares de charlas y he hecho presentaciones frente a un público de una amplia variedad de campos: medicina, finanzas, seguros, tecnología de la información, manufacturas, educación superior y muchos otros. Al principio no estaba seguro de que mis relatos tocaran la fibra sensible a ese público, pero pronto me di cuenta de que lo que hacía que la gente pudiera sentirse identificada con mis experiencias era el hecho de que *no era* alguien nacido para esto. No soy Neil Armstrong, ni Lebron James, ni George Clooney. La mayoría de nosotros no lo somos. La mayoría podemos sentirnos identificados con la experiencia de ser una persona ajena en un lugar al que no siempre sentimos que pertenecemos. La mayoría podemos sentirnos identificados con la experiencia de luchar para estar a la altura mientras toda la gente que hay a nuestro alrededor parece estar volando alto sin hacer ningún esfuerzo aparente en absoluto.

Lo cierto es que, si no has nacido para algo, tienes que trabajar para conseguirlo. Lo que sucede es que mi viaje desde Long Island hasta las estrellas es un ejemplo bastante extraordinario del aspecto que tiene esto. Nunca me hubiera convertido en un astronauta si no hubiera trabajado duro y hubiera averiguado las mejores formas de trabajar inteligentemente.

Hablando con gente después de mis charlas (con todos, desde estudiantes aspirantes a un posgrado hasta profesionales jóvenes y ejecutivos de éxito), me acabé dando cuenta, gradualmente, de que los relatos que verdaderamente tocaban la fibra sensible a la gente eran los que tenían un mensaje y los consejos que podían usar en su vida cotidiana.

Este *feedback* me inspiró a escribir un libro que tomara las lecciones de los vuelos espaciales y mis otras experiencias en la vida y las compartiera con un público más amplio. Es una recopilación de cosas que aprendí durante mi época en la NASA y en otros lugares, con orientación sobre cómo aplicarlas a la vida personal y profesional de la gente. Éste no es un libro sobre cómo convertirse en un astronauta, sino que es un libro sobre cómo lo que aprendí como astronauta puede ayudar a cualquiera a convertirse en lo que quiera ser. Poner al hombre en la Luna suele considerarse como el culmen del esfuerzo y el logro humano: la cumbre de lo que podemos conseguir cuando nos proponemos algo y trabajamos juntos para conseguirlo.

Hoy día, siempre que el gobierno o una organización se propone hacer lo imposible, decimos que aspira a lo más alto (que apunta a la Luna). Todos tenemos nuestras propias aspiraciones a lo más alto que nos gustaría asumir en la vida, pero tal y como te dirá el centro de control, hacer una cosa grande significa, realmente, acertar con mil pequeñas cosas a lo largo del camino. *Aspira a lo más alto* es el libro que te mostrará cómo hacerlo y te ayudará a situarte en el camino para alcanzar tus sueños personales y profesionales.

UNO ENTRE UN MILLÓN NO ES CERO

LAS PROBABILIDADES ESTÁN EN TU CONTRA, PERO HAZLO DE TODAS FORMAS

La tarde del 30 de marzo de 1992, me encontraba en la diminuta cocina de mi pequeño apartamento en Massachusetts Avenue, en Cambridge (Massachusetts), tomando un tentempié antes de ponerme a estudiar (una vez más), para finalizar mi tesis doctoral para mi inminente graduación en junio. En el cuarto de estar, detrás de mí, estaban retransmitiendo la gala de los Óscar por la televisión. La presentaba Billy Crystal. Estaba algo así como prestando atención a medias a la retransmisión mientras husmeaba en la nevera, pero entonces oí al presentador decir que iban a conectar en vivo con la tripulación del transbordador espacial, que estaba en órbita.

Desde el día en que Neil Armstrong caminó sobre la Luna, cualquier cosa remotamente relacionada con el programa espacial despertaba mi interés de inmediato, así que aparté a un lado mi vaso de leche y mis galletas Oreo y me acerqué al televisor para ver más de cerca la conexión entre el transbordador espacial y la ceremonia de los premios, en Los Ángeles. En la conexión, la tripulación de la misión STS-45 tenía una estatuilla de los Premios Óscar que se habían llevado al espacio, y se la estaban pasando los unos a los otros mientras flotaba en el aire hacían broma con los presentadores que estaban allá abajo, en la Tierra.

Sólo puedo asumir que algún inteligente directivo del departamento de asuntos públicos de la NASA había planeado este gran evento publicitario porque, bueno, en esa época la NASA lo necesitaba. 1992 fue un año duro para el programa espacial. Los planes para una estación espacial permanente (que en esa época se llamaba Estación Espacial Libertad) estaban en peligro debido a los recortes en el presupuesto. Nos preguntábamos si alguna vez íbamos a tener una estación espacial. No fue hasta 1993 cuando el programa se rediseñaría y renombraría. Sólo entonces la Estación Espacial Internacional cobró vida, siendo aprobada por el Congreso por los pelos. Sin embargo, el problema iba más allá de cualquier programa. La economía se estaba hundiendo ese año y el sector aeroespacial estaba encogiéndose junto con ella. Parecía que todos estaban despidiendo a gente.

Yo mismo me sentía abatido. Había estado luchando durante años para superar mis estudios en el Instituto Tecnológico de Massachusetts y para acabar mi doctorado. Y ahora que estaba a punto de conseguirlo, me estaba graduando para introducirme en el mercado del sector aeroespacial, que estaba pasando por una recesión. Mi objetivo había sido el de mudarme a Houston y encontrar un empleo en el programa espacial, con la esperanza de que me ayudara en cuanto a mis probabilidades de convertirme en astronauta. Estaba buscando algo en el campo de las operaciones robóticas espaciales o la investigación en ingeniería en el Centro Espacial Johnson (CEJ), o con uno de los principales contratistas aeroespaciales; pero nadie estaba contratando, y la posibilidad que tenía (un trabajo de ingeniería para una compañía petrolífera) estaba, en mi opinión, demasiado alejado de mis intereses y suponía un desvío potencial para mi sueño de llegar al espacio.

Ese sueño, la idea de seguir a mis héroes hasta acabar en órbita, ya había vivido y muerto mil veces en mi imaginación. Cuando eres joven, cualquier cosa es posible. Pregúntale a un niño «¿Qué quieres ser de mayor?» y obtendrás respuestas tan llenas de una esperanza sin límites que no puedes evitar sonreír. Los chiquillos quieren ser estrellas del *rock,* paleontólogos, y estrellas del *rock* y paleontólogos al mismo tiempo. Lo que se te ocurra. Ése era yo con seis años la mañana después de que Neil Armstrong y Buzz Aldrin hubieran caminado por primera vez sobre la Luna. Le pedí a mi madre que cogiera el disfraz de elefante que me había puesto en la representación teatral del colegio y que lo convirtiera en un disfraz de astronauta. Me lo puse y cogí mi juguete de peluche de Snoopy astronauta y juntos vivimos, en el patio trasero, unas maravillosas aventuras en la Luna durante el resto de ese increíble verano. Sabía exactamente qué iba a ser de mayor.

Lamentablemente, a medida que te haces mayor, a veces esos sueños entran de cabeza en esta cosa que llamamos realidad. Empiezas a encontrarte con todos los obstáculos que la vida pone en tu camino (barreras académicas, limitaciones económicas). Lo que es incluso peor que tropezar con esos obstáculos externos es que empiezas a encontrarte con las limitaciones que te pones a ti mismo. En mi caso, ese momento llegó cuando tenía ocho años, en una visita un fin de semana a High Point, una imponente cima montañosa al norte del estado de Nueva York, situada cerca de donde creció mi padre. Esta montaña tenía las vistas más maravillosas de las tierras de cultivo y la campiña de los alrededores, y esas vistas maravillosas me aterraban. Ese fue el día en el que descubrí que tenía miedo a las alturas, y no podía imaginar que hubiera un mundo ahí fuera en el que pudieras ser un astronauta con miedo a las alturas. Nunca iba a crecer para convertirme en Neil Armstrong.

A lo largo de los siguientes años, mi sueño relacionado con el espacio experimentó altibajos. Lo perdí por completo durante algún tiempo, para sentir cómo volvía la pasión cuando estaba en el último curso en la universidad y vi *Elegidos para la gloria,* la película sobre los siete astronautas originales del programa espacial Mercury y los pilotos de pruebas que lideraron la primera época del programa espacial. Leí, de inmediato, el libro de Tom Wolfe, con el mismo título que el filme, y acabé desgastando la cinta de VHS de esa película. En el fondo sabía que, de algún modo, tenía que *intentar* ser astronauta. Entonces me volví asustadizo y miedoso de nuevo. Sentí que tenía que sentar cabeza y conseguir un trabajo con cara y ojos, y acabé en un cubículo corporativo en IBM durante un tiempo. Es una compañía genial en la que trabajar, y era un buen empleo, pero no era, necesariamente, el mejor puesto para mí si quería perseguir mi sueño de volar por el espacio.

Entonces, en enero de 1986, se dio la explosión del transbordador espacial Challenger. Eso me recordó lo corta que puede ser la vida y lo importante que es vivir tu vida (e incluso arriesgarla) persiguiendo algo que ames. Esa revelación me inspiró a llevar a cabo un cambio y a perseguir una trayectoria profesional en el programa espacial. Me situó en el camino hacia el Instituto Tecnológico de Massachusetts (MIT) y en mi pequeño apartamento en la Massachusetts Avenue. Lo que pasaba era que, debido a la economía, el mercado del empleo y el futuro incierto del propio programa espacial, volvía a estar con el ánimo por los suelos. Ya había presentado solicitudes y me habían rechazado en el Programa para Astronautas en una ocasión. Ahora estaba mirando las ofertas de empleo de compañías no relacionadas con el espacio, poniendo así de nuevo en peligro mi sueño concerniente al espacio.

Pero al ver a esta tripulación del transbordador en la ceremonia de entrega de los Premios Óscar, sonriendo y flotando juntos en el espacio exterior, quedé absorto, prácticamente en trance. Todo lo que podía pensar era «*Tengo* que ser una de esas personas». Con una claridad absoluta, supe que quería ser, por encima de todas las cosas, astronauta. Sin embargo, un momento después, me pasó por la cabeza un segundo pensamiento: «Pero nunca conseguirás hacerlo, Mike. Convertirse en astronauta es imposible». Había tan pocas personas elegidas para convertirse en astronautas que las probabilidades estaban abrumadoramente en mi contra. «Es absurdo —pensé—. Es una posibilidad entre un millón».

Pero entonces hice números. Puse en práctica mi elegante grado del MIT e hice los cálculos que mantuvieron vivo mi sueño relativo al espacio. *«Uno entre un millón no es cero —*pensé*—*. Es, simplemente, un número realmente pequeño: 0,000001». Es una coma decimal seguida de muchos ceros con un uno al final, cosa que, por definición, no es cero. Es sólo cuando no lo intentas cuando el uno que hay al final de los ceros desaparece. La única forma de hacer que una tarea sea verdaderamente imposible es no intentarlo o rendirse frente a la adversidad. Una vez que te rindas conocerás el resultado con total certeza: tendrás un 100 por 100 de probabilidades de no alcanzar tu objetivo. Esa noche estuve muy cerca de rendirme, tal y como había hecho en muchas ocasiones, pero gracias a mis cálculos matemáticos rápidos, mi voluntad y mi determinación, mi apuesta de uno entre un millón no se derrumbó hasta convertirse en cero.

Presenté mi primera solicitud para el Programa de Astronautas de la NASA en 1989. Después de unos ocho meses de espera, me respondieron con una carta. La abrí rápidamente. Tenía un membrete oficial de la NASA. Decía: «No». Había otras palabras en la página, pero un simple «No» hubiera sido suficiente y les hubiera ahorrado a los contribuyentes algo de dinero en tinta.

En 1991, mientras estaba trabajando en la finalización de mi doctorado, la NASA anunció que estaba aceptando solicitudes para la promoción de astronautas de 1992. «Genial —pensé—. Puedo graduarme y dirigirme directamente a la NASA». Eché la segunda solicitud al correo. Esperé algunos meses, experimenté mi revelación de «uno entre un millón» mientras veía a la tripulación del transbordador espacial en la ceremonia de entrega de los Óscar y luego, algunas semanas después, recibí una respuesta oficial de la NASA a mi segunda solicitud. Era una carta distinta a la primera. Habían cambiado la fecha en la parte superior. Aparte de eso, se trataba exactamente del mismo rechazo que había recibido dos años antes. Pese a ello, no permití que eso me perturbara. Me hizo acordarme de que, mientras lo siguiera intentando, seguiría teniendo una posibilidad. También fue de ayuda que hubiera tenido suerte en mi búsqueda de empleo. A pesar de la recesión en curso, me habían contratado como ingeniero de investigación en McDonnell Douglas Aerospace, en Houston (Texas). Trabajaba en proyectos de robótica espacial junto con ingenieros del Centro Espacial Johnson.

Algunos años después, la NASA volvió a anunciar que estaba buscando más astronautas, y envié mi tercera solicitud por correo. En esta ocasión no recibí una carta, sino una llamada telefónica. En esta ocasión, la NASA se puso en contacto conmigo en persona para decirme que había superado el corte para la fase de entrevistas. Ahora era uno entre ciento veinte finalistas para la promoción de astronautas de 1995. Mis probabilidades tenían un mejor aspecto…, o así lo creía.

La entrevista para el trabajo de astronauta es más que una simple entrevista con la Junta de Selección de Astronautas. Implica una semana entera de exámenes y obstáculos que superar. Hay pruebas escritas, pruebas de coeficiente intelectual, pruebas de personalidad, eventos sociales. Hay una prueba de ética con muchas preguntas raras como «Está bien matar a alguien si…». Además, a lo largo de la semana hay una serie de exámenes médicos. Te chequean de arriba abajo, como si fueras una rata de laboratorio. Te miran los oídos y bajan hasta tu garganta. Hay escáneres cerebrales, tomografías axiales computarizadas, muestras de sangre, muestras de orina, muestras de heces. Te hacen una ecografía de todos tus órganos internos, buscando tumores o aneurismas. Te meten una cámara por el trasero y buscan por ahí dentro, cosa que era nueva para mí. Un día te dan un monitor cardíaco para que lo lleves puesto durante veinticuatro horas para detectar cualquier irregularidad en tus latidos. Buscan cualquier cosa en cualquier lugar que pueda estar mal en ti. Para cuando todo ha acabado, te han tocado, pinchado y examinado de formas que ni siquiera sabías que fueran posibles. Me tuvieron allí hasta que llegaron a conocerme muy bien. Entonces, después de haber llegado a conocerme muy bien… me volvieron a rechazar; pero esta vez no sólo me rechazaron, sino que me descalificaron desde el punto de vista médico por culpa de mis ojos. Sabía que mi vista era mala desde primero de secundaria. Me di cuenta por primera vez en las gradas del estadio de los Mets. Estaba intentando anotar la alineación en mi tarjeta de resultados y no podía leer lo que ponía en el marcador, que estaba en el otro externo del campo. Me puse gafas, pero las odiaba, así que no las usaba mucho. Intenté usarlas en una ocasión para jugar al béisbol y me llevé un pelotazo que me dio en la cara y me rompió la nariz. Imaginé que se trataba de una señal para guardar las gafas. Después de eso fui por ahí no viendo bien la mayor parte del tiempo. Cuando llegué a primero de bachillerato, mi vista era lo suficientemente mala como para tener que entrecerrar los ojos para ver la canasta en la pista de baloncesto.

Al final cedí y empecé a llevar gafas y lentes de contacto, y a partir de ahí estuve bien. Como no conocía personalmente a ningún piloto o astronauta y como no había antecedentes en el Ejército o la Aviación en mi familia, no tenía ni idea de lo importante que sería mi vista un día. En la actualidad disponemos de la cirugía ocular y la NASA ha modificado completamente sus normas en cuanto a la vista para elegir a astronautas, pero en esa época, para ser astronauta o volar en el Ejército debías tener una vista perfecta o casi perfecta. Había estado avanzando alegremente, persiguiendo mi sueño espacial. Había dedicado *años* a obtener mi doctorado, alegremente inconsciente del hecho de que mis ojos defectuosos me garantizaban que, ya para empezar, nunca sería elegido.

De acuerdo, puede que no fuese alegremente inconsciente, sino que me encontrara en un profundo estado de negación. Me habían advertido de que mi vista podía suponer un problema, pero pensé que había encontrado una solución fácil. Cuando los médicos empezaron a hacer prescripciones para lentes de contacto allá en la década de 1940, las primeras lentillas que inventaron no eran las lentillas agradables y blandas de las que disponemos en la actualidad, sino que eran más bien como pedazos de vidrio o plástico duro. Los médicos se dieron cuenta de que la gente, después de usar estas lentillas duras durante un tiempo se despertaban un día y podían ver sin ninguna ayuda. Investigué un poco y aprendí que el globo ocular es una lente. La luz entra, incide sobre la lente y se refracta para alcanzar la retina. Si la alcanza con el ángulo adecuado, tienes una vista perfecta. Si no es así, entonces eres miope o hipermétrope, y te pones gafas o lentillas para conseguir que la luz se refracte y desvíe con el ángulo adecuado, de modo que puedas ver bien. Lo que estas lentillas duras harían sería remodelar tu córnea (básicamente aplanarían tu globo ocular), refractarían la luz y podrías ver con mayor claridad. El problema era que una vez que te quitabas las lentillas, al cabo de un par de días tus ojos recuperaban su forma original. El tejido regresaba a su lugar de reposo natural, pero, supuestamente, si seguías con esto, podías hacer que tus ojos viesen mejor sin la ayuda de gafas o lentes de contacto durante por lo menos un breve espacio de tiempo. Este proceso en el que se usan lentillas duras para remodelar tu ojo se llama ortoqueratología.

En la época en la que empecé a presentar solicitudes para la NASA, encontré a un oftalmólogo especializado en ortoqueratología. Me prescribió algunas de estas lentillas duras y mi vista mejoró. Incluso permanecía mejor durante un par de días después de que me quitase las lentillas. «Problema resuelto», me dije; pero no era así. En absoluto. No para los estándares de la NASA. Simplemente me permití creer que había encontrado una solución fácil porque estaba demasiado asustado para enfrentarme a la verdad debido al miedo de que hiciera descarrilar mis sueños para siempre.

A medida que pasé por todas las pruebas psicológicas y médicas durante mi semana de entrevistas en la NASA, estaba esperando, sub-conscientemente, que hubiera algo malo en mí distinto de mis ojos. Algo que estuviera tan lejos de mi control y que fuera tan enormemente demoledor que pudiera levantar las manos y decir: «Bueno, así es la vida. No hay nada que pueda hacer». No tuve esa suerte. Estaba sano como una manzana. Mis órganos estaban bien. Mi parte trasera estaba bien. Mi oído era perfecto. Mi test psicológico arrojó unos buenos resultados: estaba cuerdo al 100 por 100. Había cumplido y superado cada criterio médico para el trabajo excepto uno: mis ojos. No podía corregir mi vista para que fuera perfecta, mi vista sin ayudas quedaba fuera de los límites y las lentillas de ortoqueratología me habían dejado un globo ocular aplanado: todo ello era motivo para la descalificación.

«Con estos resultados —me dijo el médico de aviación—, no hay ninguna posibilidad de que te tengan en cuenta. Estás descalificado por motivos médicos». Esas palabras se quedaron ahí, flotando en el aire: descalificado por motivos médicos. No «poco cualificado» ni «con necesidad de más experiencia», sino física y genéticamente no apto para el servicio. Marcaron la carpeta de mi solicitud con un gran sello rojo de descalificación y yo quedé acabado. Se acabó la partida.

Una vez que la NASA sabe que estás descalificado por motivos médicos del Programa de Astronautas, ya no pueden tenerte en cuenta para el trabajo. Ni siquiera se leerán tu solicitud. Podría haber hecho un gran descubrimiento en el campo de la robótica o haber logrado alguna gran hazaña en el mundo de la ingeniería, y pese a ello la NASA no perdería ni un segundo echando un vistazo. Estaba destrozado. En ese momento habían pasado diez años: diez años de mi vida dedicados a trabajar para alcanzar este objetivo. No sabía si sentirme enfadado, triste, frustrado o lo que fuera. Todo mi cuerpo estaba adormecido. El uno entre un millón se había, de hecho, convertido en cero… o eso parecía.

Para hacerme sentir incluso peor, después de recibir la noticia llamé a Duane Ross, el director de la Oficina de Selección de Astronautas, y le pregunté si podía ir a verle y hablar con él. Quería saber si había algo, *lo que fuese,* que pudiera hacer. Duane había estado dirigiendo las selecciones de astronautas desde el inicio del Programa del Transbordador Espacial. Era el tipo más acogedor y amable, y siempre estaba sonriendo. Me dijo que me pasara por allí y nos sentamos a hablar. No podía haber sido más agradable. Me dijo: «Mike, simplemente quiero que sepas que todos nos quedamos realmente disgustados cuando llegaron los resultados médicos. No puedo decirte si te hubiéramos elegido, pero sí puedo decirte que eras una de las personas de las que estábamos hablando. Quizás no lo hubieras conseguido en esta ocasión, pero podrías haberlo hecho en una selección futura».

Oírle decir eso me rompió el corazón: estaban interesados en mí. Me había quedado tan cerca. Estaba ahí, justo delante de mí. Llamé a algunos astronautas del Comité de Selección y les pregunté si les importaría proporcionarme su *feedback* también. Todos se tomaron el tiempo necesario para hablar conmigo, y ni uno de ellos me dijo: «Esto no te compensa. Buena suerte». Si lo hubieran hecho, creo que me hubiera rendido, pero no lo hicieron. Cada uno de ellos me llevó aparte y me dijo: «¿Sabes? Si pudieras hacer algo con respecto a tus ojos, deberías volver a intentarlo de verdad».

En ese momento decidí que, si me iban a decir que no, quería que me dijeran que no. No quería que me dijeran «Ojalá hubiéramos podido». Después de todo lo que había invertido, de todo el trabajo que había llevado a cabo, sabía que no podía dejar de intentarlo. Sólo había una cosa que pudiera hacer: tenía que aprender a ver mejor.

El lunes por la mañana volví al trabajo en McDonnell Douglas y me encontré con mi jefe, el antiguo astronauta de la NASA Bob Overmeyer, que estaba en el vestíbulo.

—¿Qué ha pasado? –me preguntó.

—Me descalificaron por motivos médicos.

—¿Tu vista? –dijo, negando con la cabeza.

Como antiguo piloto de pruebas del cuerpo de los Marines, Bob conocía muy bien el examen de la vista. Desde que ha habido aviones en el cielo, los pilotos y los astronautas han temido el examen de la vista. Las normas han cambiado ahora, pero en aquella época, los pilotos hacían todo tipo de cosas extravagantes para intentar superarlo;

porque podías ser el mejor piloto del mundo, el más cualificado, pero quedar eliminado por esta norma que está totalmente fuera de tu control.

—Me enfrenté a esas pruebas durante años –dijo Bob–. ¿Sabes lo que solía hacer? Me deshidrataba. Siempre programaba la prueba un lunes por la mañana, y a lo largo del fin de semana no bebía nada. Corría como un loco y sacaba toda el agua de mi organismo. De esa forma secas el globo ocular y haces que esté más rígido y refracte la luz mejor.

—De acuerdo –dije–. Tiene sentido. Lo intentaré.

—Bien. No te rindas. Tendrás otra oportunidad y quizás vuelvas a entrar en el programa.

Esa misma tarde, me pasé por el Centro Espacial Johnson y me encontré con Kevin Kregel, uno de los astronautas, que era piloto de pruebas de la Fuerza Aérea. Le expliqué lo que había sucedido.

—Esos malditos exámenes de la vista –dijo–. Te matan todas las veces. Pero sabes lo que tienes que hacer, ¿verdad?

—¿Qué?

—Bebe mucha agua. Bebe tanta agua como puedas durante días. La mañana en la que vayas a someterte a la prueba ni siquiera orines. Esto hará que tu globo ocular sea más viscoso y refractará la luz mejor.

—De acuerdo. Lo haré.

De hecho, me hizo sentir mejor saber que nadie tenía ni idea de qué hacer; y Bob y Kevin se habían enfrentado al mismo obstáculo y lo habían superado. Eso me dio esperanzas.

Mientras me proponía dar con una forma de proceder, el mejor consejo que obtuve me lo dio mi vecino Steve Smith, otro astronauta.

—Tienes que fijarte en esto como si fuera cualquier otro problema de ingeniería –dijo–. Tienes que recopilar toda la información y los datos que puedas y solucionarlo.

Tenía razón. No había estado ocupándome del problema de la forma adecuada. No había ido a un oftalmólogo en dos años. Me había llevado a mí mismo a pensar que la ortoqueratología era un apaño fácil, pero eso no había sido más que una forma de evitar enfrentarme a mi miedo. Habría sabido más sobre la postura de la NASA con respecto a la ortoqueratología si hubiera sido honesto y hubiese preguntado, pero había tenido demasiado miedo como para sacar a colación el asunto de mis ojos. Pensé que podría pasar de puntillas por este problema, cuando lo que tenía que hacer era afrontarlo de cara: admitir que necesitaba ayuda y obtenerla.

Lo primero que hice fue deshacerme de las lentillas de ortoqueratología, de modo que mis ojos sanasen y regresaran a su forma natural. Entonces, y de acuerdo con el consejo de Steve Smith, me puse el traje de ingeniero y empecé a trabajar en el problema. Mi investigación acabó llevándome a un programa de ejercicios conocidos como entrenamiento de la vista, que puedes usar para entrenar tus ojos y tu cerebro para que se relajen, y de esa forma puedes enfocar más allá del objeto que estás mirando, de modo que el propio objeto se pueda ver de forma más clara: puedes, de hecho, aprender a ver mejor. Simplemente lleva tiempo.

Durante los siguientes siete meses sólo tuve un objetivo: arreglar mis ojos. Encontré a una optometrista (la doctora Desiree Hopping) especializada en el entrenamiento de la vista y concerté una cita con ella. Cuando llegó a nuestra primera cita, yo estaba sentado en la silla de reconocimiento y me miró de forma extraña.

—¿Está usted aquí para el entrenamiento de la vista? –me preguntó.

—¡Sí! –le dije entusiasmado–. ¿Hay algún problema?

En ese momento me dijo que sólo había trabajado con niños, porque su vista todavía se está desarrollando. No estaba segura de que el entrenamiento fuera a funcionar con adultos. Le aseguré que podía ser tan inmaduro que no podría distinguirme de un niño de diez años. Le rogué que me ayudara, y aceptó.

Lo primero que hizo fue darme unas gafas nuevas con las lentes con una graduación inferior a la necesaria: forzarían a mis ojos a trabajar más duro durante todo el día, haciendo que mi musculatura ocular se fortaleciera. Entonces me proporcionó una serie de ejercicios que hacer. Había uno en el que tenía que mijar fijamente a un puñado de canicas unidas a una cuerda y separadas entre sí a distintas distancias, cambiando mi foco a cada una de ellas. Luego tuve que mirar a distintas tablas optométricas desde distintas distancias para así entrenar a mis ojos para que enfocaran un punto imaginario que se encontraba más allá de la tabla, haciendo que las letras que aparecían en ella se viesen con una mayor claridad. Todo esto requería de una concentración realmente profunda. Tenía que mantener la mirada completamente fija durante varios minutos seguidos de cada vez, sin parpadear. Me parecía a mi abuela echándole a alguien una mirada de odio. Iba a la oficina cada día y trabaja en mi investigación sobre robótica para el programa espacial. Luego llegaba a casa, cenaba con mi familia, acostaba a mi hija y después me ponía a hacer estos ejercicios para la vista. Pero estaban funcionando. Seguí acudiendo a la consulta de la doctora Hopping cada dos semanas para que me examinara los ojos, y estaban mejorando poco a poco.

Para cuando nació mi hijo, en julio de 1995, mi vida se había dado la vuelta por completo. Había aceptado un trabajo como profesor en el Instituto de Tecnología de Georgia, en Atlanta. Más o menos en el mismo momento en el que estábamos haciendo la mudanza y nos estábamos yendo hacia el este de EE. UU., la NASA anunció que estaba iniciando su búsqueda para la siguiente promoción de astronautas un año antes de lo planeado. Junto con mi conjunto de documentos para la admisión, presente un informe de mi oftalmóloga que detallaba mi progreso con el entrenamiento para la vista para intentar revertir la descalificación por motivos médicos. Entonces, ese septiembre, justo cuando seguía desembalando las cajas de nuestra mudanza a Atlanta, recibí una llamada de Teresa Gomez, de la Oficina de Selección de Astronautas, en la que me pedía que tomara un vuelo de regreso a Houston. Me dijo que estaban volviendo a mirar las solicitudes y que la mía estaba en el montón de las buenas. El médico de Aviación dijo que mis ojos habían mejorado lo suficiente, de modo que estaban dispuestos a dejarme regresar y volver a intentarlo. Había un inconveniente: tenía que volar de vuelta pagándomelo de mi bolsillo y simplemente someterme al examen de la vista para revertir oficialmente la descalificación por motivos médicos. Si superaba el examen regresaría al programa, y si no lo superaba mi suerte se habría agotado.

Así pues, volé de regreso la primera semana de octubre para someterme al examen. El optometrista de la NASA hizo mediciones de mi globo ocular y estaba sano. Corrigió mi calificación por una perfecta, y esa parte fue bien. Luego valoró mi agudeza visual sin ayudas. Empleé mis técnicas de entrenamiento de la vista y superé la prueba, lo que me situó de vuelta al conjunto de candidatos elegibles. Tomé un vuelo de regreso a Atlanta, di clases durante dos semanas y luego volví de nuevo a Houston. Me sometí al examen físico, llevé a cabo las pruebas psicológicas, me hicieron ecografías y me metieron la cámara por el trasero. Todo estaba saliendo bien, pero seguía habiendo un millón de razones por las cuales podría no conseguirlo: me encontraba frente a un grupo de candidatos completamente distintos a los de la última vez, puede que hubieran contratado a un tipo mejor especializado en robótica el año anterior, etc. Sin embargo, me sentía optimista con respecto a mis posibilidades.

Más o menos a mitad de semana, le hice una visita rápida a Ranier Effenhauser, el médico de Aviación que supervisaba al grupo de candidatos, para hablar con él. Cuando me estaba yendo, me dijo:

—Nos veremos mañana para el examen de la vista.

No estaba seguro de haberle oído bien:

—¿El examen de la vista? –pregunté–. Ya superé el examen de la vista.

—Sí, pero eso fue hace tres semanas –dijo–. Algo podría haber cambiado. Debe llevarse a cabo en el momento de la selección.

Mi corazón se encogió.

—Pero, lo *acabo de* superar.

—No, no, no –dijo–. Eso no era oficial. Lo siento, Mike. Esto que te explico es lo que se tiene que hacer.

No podía creérmelo. Fue como un puñetazo en el estómago, pero eso era lo que había. Haces lo que tienes que hacer. A la tarde siguiente fui a la consulta del médico de Aviación para volver a pasar por el mal trago una última vez. Me senté con el optometrista y sudé y pasé por la tensión de cada parte de la prueba. Cuando acabé, me mostró los resultados.

—Felicidades, Mike –me dijo–. Lo has conseguido. Buena suerte.

Me quedé ahí sentado, estupefacto. No podía creérmelo. Al día siguiente me pasé por el despacho de Ranier Effenhauser para obtener los resultados del resto de mis pruebas.

—Todos los resultados han sido satisfactorios –dijo–. Ahora vete. Sal de aquí antes de que alguien tenga la posibilidad de encontrar algo malo en ti.

No salí caminando del despacho ese día, sino que iba como flotando, como si estuviera en una nube. Todo parecía tan imposible, muy loco, pero funcionó. *Funcionó.* Fue un milagro. Conseguir que tus ojos vean mejor de lo que lo hacen normalmente es prácticamente imposible. Eso supuso una prueba de que no hay ningún obstáculo en la vida que sea demasiado grande como para superarlo: que uno entre un millón no es cero. Seis meses después recibí la llamada telefónica «buena» de la NASA. ¡Fui aceptado en la promoción de astronautas de la NASA de 1996!

* * *

Justo en medio de la locura relativa a mis ojos y del volver a presentar mi solicitud y superar el examen de la vista una y otra vez, hubo un momento que nunca olvidaré. Antes de que la NASA me llamase para que regresase, justo cuando acababa de llegar a Atlanta para incorporarme a mi nuevo trabajo como profesor en el Instituto Tecnológico de Georgia, conocí a un nuevo colega en la escuela de ingeniería. Al igual que yo, también había presentado su solicitud para ser astronauta y alcanzó la fase de la entrevista para ser rechazado al final. Al escuchar el relato de mi aflicción, me invitó amablemente a mí y a mi familia a ir a su casa para una barbacoa.

La tarde que nos reunimos, me di cuenta, poco a poco, de lo sorprendente que era este tipo. Tenía más o menos mi edad, pero tenía un currículo en la enseñanza y un programa de investigación geniales, y ya estaba en el buen camino para conseguir su puesto como profesor titular, lo que significaba que estaba muy por delante de mí en lo tocante a la trayectoria profesional. Tenía una bonita casa y una hermosa familia y parecía un buen tipo. Siendo honesto, estaba un poco sorprendido con él. Parecía obvio que, si la NASA había pasado de él, no había forma alguna de que a mí me fueran a elegir en algún momento.

Mientras él le estaba dando la vuelta a las hamburguesas, le hice la inevitable pregunta:

—Entonces, ¿crees que volverás a presentar una solicitud?

Se detuvo, soltó la espátula de las hamburguesas y se volvió hacia mí:

—No, no creo que lo haga −dijo.

—¿Por qué no? –pregunté.

—Bueno, ya me han rechazado una vez –dijo–. Imagino que me volverán a rechazar.

Esa respuesta me sacudió hasta los cimientos. Me quedé estupefacto. Me di cuenta, en ese preciso momento, de que se había rendido, lo que significaba que sus posibilidades habían pasado de ser una entre un millón a cero. Estoy seguro de que tomó esa decisión por los motivos adecuados. Escoger una trayectoria académica por encima de convertirse en astronauta no es una mala elección, pero, para mí, tomar la decisión de renunciar a mi sueño después de estar tan cerca era impensable.

Hoy, cuando le hablo a la gente sobre todos los obstáculos que tuve que superar, frecuentemente me preguntan: «¿Qué hizo que lo siguieras intentando? ¿Por qué no te rendiste?». Mi respuesta es que nunca podría imaginarme renunciando a mi sueño como hicieron otros que presentaron una solicitud para la NASA, fueron rechazados y decidieron que el que les dijeran que no era demasiado doloroso como para siquiera volverlo a intentar. Le digo a la gente que recuerde que uno entre un millón no es cero, que siempre existe una posibilidad mientras lo intentes; pero una vez que te rindas, conocerás el resultado con certeza.

Es una norma que se aplica prácticamente a todo. Desde que abandoné la NASA y oscilé entre los campos de la educación y los medios de información, he hecho amistad con varios creadores y guionistas de programas televisivos, entre los que se incluye Bill Prady, creador de la afamada comedia *The Big Bang Theory*. Recientemente, Bill, otro exitoso guionista televisivo y yo decidimos ofrecer una comedia relacionada con el espacio a varios estudios, y obtuvimos un acuerdo para escribir un guion piloto. Estaba eufórico. Nos pusimos a trabajar, escribimos el guion y le dedicamos meses de esfuerzo; pero entonces, cuando el estudio lo leyó, pasaron de él. Me quedé decepcionado, pero mi agente me dijo que de cada mil programas televisivos que se ofrecen, unos cien consiguen un acuerdo para que se escriba un guion piloto. De esos cien, unos diez acaban convirtiéndose en programas piloto, y de esos diez programas piloto quizás uno acabe siendo un programa real con una temporada de episodios.

La mayoría de la gente oiría eso y diría: «Es imposible», pero yo soy más sensato. Sé que uno entre mil supone una probabilidad mucho mayor que uno entre un millón. Por lo tanto, me senté junto con mis compañeros guionistas y empezamos a trabajar en hacer que el guion fuera mejor. Todavía no lo hemos vendido, pero no vamos a dejar de intentarlo, porque no importa si estás escribiendo el guion de un programa de televisión, si vas al espacio, si intentas conseguir un ascenso en tu trabajo o si estás montando un mueble de IKEA: siempre existe la posibilidad de tener éxito, por pequeña que sea, y la única forma de fracasar por completo es dejar de intentarlo. La gente exitosa no es la que nunca ha fracasado. La gente exitosa es la que nunca permite que el fracaso la detenga.

También vale la pena recordar que perseguir un sueño puede conducir a un resultado alegre, incluso aunque las cosas no funcionen de la forma en la que lo planeaste originalmente. Si nunca hubiese sido seleccionado como astronauta seguiría disponiendo de todos los beneficios de lo que hice a lo largo del camino. La educación y las experiencias que acumulé me hubieran llevado hacia una maravillosa vida y trayectoria profesional, incluso aunque esa vida no fuera la de un astronauta. Además, sabría que habría intentado alcanzar mi sueño y que la única razón por la cual no lo habría alcanzado sería debido a fuerzas que escaparan a mi control. No tendría que vivir con el remordimiento que acompaña a rendirse.

Por lo tanto, cuando sientas que tus sueños están fuera de tu alcance, cuando sientas que el mundo está conspirando contra ti y no tengas esperanzas, recuerda que uno entre un millón no es cero, y hazte estas preguntas:

- ¿He dado lo mejor de mí?
- Si me rindo ahora, sabiendo que no sabría lo que podría haber sucedido si lo hubiera seguido intentando, ¿cómo me sentiré dentro de diez años? ¿Y dentro de veinte años? ¿Y dentro de cincuenta?
- Incluso aunque nunca triunfe con mi objetivo, ¿me harán llegar mis esfuerzos para alcanzar ese objetivo a un lugar mejor de

aquél en el que me encuentro ahora, independientemente del resultado?

- ¿Estoy desperdiciando mis talentos y capacidades por no seguir intentándolo?
- ¿Qué ejemplo quiero marcar para otros: rendirme o intentar triunfar contra todo pronóstico?
- ¿Me estoy rindiendo por las razones adecuadas, porque estoy luchando contra fuerzas que escapan a mi control o simplemente porque temo el fracaso?
- Si renuncio a este sueño por las razones adecuadas, ¿qué sueño quiero perseguir en lugar de éste?

Y recuerda: mientras lo intentes, siempre existe una mínima oportunidad de éxito, y te debes a ti mismo darle a tu sueño una posibilidad para que se convierta en realidad.

NADIE SALE DE LA PISCINA HASTA QUE TODOS HAYAN SUPERADO LA PRUEBA

NO PUEDES HACERLO SOLO. TRIUNFARÁS O FRACASARÁS COMO EQUIPO

En los días previos a recibir la llamada de la NASA diciéndome que me habían seleccionado como astronauta, caminaba por casa sin parar, aturdido por la agitación y la ansiedad, mirando incesantemente por la ventana delantera para ver si el cartero había hecho su reparto diario. Sabía que el paquete que estaba esperando supondría el siguiente paso increíble en mi viaje de toda una vida al espacio.

Entonces, por fin, llegó. Tarde, una mañana, vi al cartero, salí corriendo a la calle, abrí el buzón y saqué un gran sobre de papel manila del Centro Espacial Johnson. Lo rasgué para abrirlo ahí mismo, en la acera, pensando «Oh, esto es tan genial. No puedo creérmelo». Dentro había una carpeta de información que me daba la bienvenida a la promoción de astronautas de la NASA de 1996. La carta de presentación empezaba con un entusiasta párrafo de felicitación y lo emocionados que estaban de darme la bienvenida. Eso me dejó con una gran sonrisa en la boca, pero la sonrisa desapareció en cuanto llegué al segundo párrafo.

Se trataba de una advertencia: «Por favor, practica tus habilidades de natación antes de llegar a Houston –decía–, ya que será necesario que pases una prueba de natación para asistir a un curso de entrenamiento de supervivencia en el agua con la Armada de EE. EE. en Pensacola (Florida)».

No podía creérmelo. Después de años de entrevistas en profundidad, de pruebas médicas invasivas y de las verificaciones más exhaustivas imaginables de mi currículum, nunca, ni una sola vez, nadie durante todo el proceso de solicitud pensó en pararse un momento y decirme: «¿Sabes nadar?», porque si lo hubieran hecho, mi respuesta hubiera sido: «En realidad… no».

Sólo puedo imaginar que esa cuestión nunca surgió porque la NASA simplemente asumía que ciertas habilidades básicas, como montar en bicicleta o hacerse un bocadillo de queso gratinado eran tan básicas y fundamentales que cualquier adulto competente y funcional ya las dominaría, pero yo no había llegado a dominar ésta en absoluto.

A pesar de haber crecido en Long Island y de haber estado rodeado por el océano toda mi vida, odiaba nadar. Al vivir tan al norte, e independientemente de lo calurosos que fueran los veranos, el agua siempre estaba fría, o por lo menos a mí me parecía fría. Yo era un niño extremadamente delgaducho, un esqueleto humano con nada de grasa corporal, por lo que siempre tiritaba en la piscina. Tampoco me gustaba tener la cabeza bajo el agua: no podía respirar y no me gustaba que me entrara cloro en los ojos. Siempre que tenía que ir a una fiesta que se celebraba en una piscina, simplemente caminaba por la parte poco profunda, manteniendo mi cabeza seca y haciendo ver que me lo estaba pasando bien.

Para cuando intenté aprender a nadar, ya era demasiado tarde. Se supone que los niños tienen que empezar con sus lecciones de natación cuando son muy pequeños, antes de saber lo suficiente como para tener miedo del agua. Mi madre no se decidió a obligarme a ir a clases de natación hasta que tuve diez años. Entre los italoestadounidenses de clase obrera de principios de la década de 1970, nadar, al igual que ir de camping, simplemente no formaba parte de su cultura. No íbamos de camping porque el «camping» era la forma en la que la gente vivía en Sicilia hace ciento cincuenta años, arreglándoselas en casas de piedra con goteras. Habíamos tenido suficiente de eso. Ahora éramos gente civilizada. Llegamos a EE. UU. para vivir en casas, con aire acondicionado. Si teníamos que cruzar una masa de agua usábamos un puente o un túnel.

Por supuesto, había que tener en cuenta la seguridad que proporciona el saber nadar. Debes saber nadar para evitar ahogarte o que te coma un tiburón, que supongo que es la razón por la cual, finalmente, mi madre me obligó a ir a clases de natación, pero para entonces yo ya tenía mi opinión formada al respecto. Lo odiaba y, simplemente, no podía hacerlo. Además, sabía que hay una mejor forma de permanecer a salvo en el agua: evitarla; así que eso es lo que hice: permanecía fuera del agua siempre que era posible.

Durante mucho tiempo, incluso cuando tuve hijos y empezaron a nadar, me mantuve alejado. Hacer que mis ojos viesen mejor fue un enorme obstáculo en mi camino para que me seleccionaran como astronauta, pero ahora, la cosa que había odiado y evitado durante toda mi vida se había convertido en el nuevo obstáculo que se interponía entre mí y mi sueño de volar por el espacio. Nuestro entrenamiento implicaría volar en una aeronave a reacción de alto rendimiento: el avión T-38, equipado con asientos eyectables y paracaídas. Si salíamos eyectados debido a una emergencia mientras volábamos sobre el agua, necesitaríamos saber cómo sobrevivir hasta que las fuerzas de rescate pudieran llegar para salvarnos. Además, el transbordador espacial tenía un sistema de escape de emergencia que permitía a la tripulación tirase en paracaídas sobre el océano. Para estar cualificado para volar en un T-38 o en el transbordador espacial, cada candidato a astronauta debía completar un entrenamiento de supervivencia en el agua, y para empezar con el entrenamiento de supervivencia en el agua, cada candidato debía superar la prueba de natación. No había forma de evitarla.

Si el hecho de tener que someterme a una prueba de natación no era lo suficientemente amedrentador, entonces procedí a leer qué implicaría dicha prueba. En primer lugar, una prueba cronometrada de larga distancia mostrando cómo nadábamos al estilo braza, espalda y lateral; estos tres estilos se conocen, en conjunto, como los «estilos de supervivencia», ya que te permiten mantener los ojos fuera del agua, para así evitar los potenciales restos flotantes y en llamas de cualquier accidente que haya provocado que aterrizases en el agua. En segundo lugar: evitar ahogarse, flotando con la espalda arqueada y sólo con la boca fuera del agua, inspirando aire para llenar tus pulmones, de modo que puedas flotar durante mucho tiempo. En tercer lugar: salvamento, arrastrando en el agua a un compañero incapacitado, como si fuera un saco de patatas, para ponerle a salvo.

Y por último, después de que todos estuviéramos bien cansados, caminar por el agua. Esta parte estaba dividida en tres secciones cronometradas. En la primera sección podías usar ambas piernas y los brazos. En la segunda sólo podías usar las piernas; y en la tercera tenías que mantener las manos sobre el agua hasta que hicieran sonar el silbato. Toda la batería de pruebas debía superarse mientras llevábamos puesto un traje de vuelo completo, el casco y las botas (con la puntera de acero). Todos los pasos debían completarse uno tras otro, sin salir del agua, y si no superabas cualquier parte, debías comenzar por el principio y repetirlo todo de nuevo.

Ojalá tuviese suerte.

Cerré el buzón y me metí en casa. A lo largo de los siguientes días, mi sentido del pavor, que me revolvía el estómago, se transformó lentamente en una férrea determinación para superarlo, sin importar qué hiciese falta. Me di cuenta de que no tenía tanto miedo a ser descalificado y expulsado: sabía que al final daría con una forma de superar la prueba. Sí que tenía más miedo de ponerme en ridículo. Sabía que mi curso para ser astronauta iba a estar plagado de todos estos pilotos de pruebas y militares superatléticos. No quería que me miraran como si fuera el típico cerebrito y sabelotodo agitándome frenéticamente en la piscina como un idiota. Sin embargo, la razón por la que tenía ese miedo era porque todavía no comprendía la cultura de la NASA. No sabía que esos militares superatléticos no iban a estar ahí en la piscina para juzgarme, sino que sólo iban a estar ahí para ayudarme.

Para cuando me presenté en la NASA ese otoño, seguía sin ser un gran nadador, pero era mejor que cuando recibí la carta. Una vez que acabó mi primer semestre de clases en la universidad, pasé todo junio, julio y agosto llevando a mis hijos a la piscina local. Mi hija, Gabby, tenía tres años, y mi hijo, Daniel, uno, y ya sabían nadar mejor que yo. Sin embargo, iba a ir cada día y practicar, practicar y practicar, moviéndome torpemente en el agua mientras los niños de ocho y nueve años nadaban en círculo a mi alrededor y todos los padres de las afueras de la ciudad simplemente miraban hacia donde me encontraba, como diciendo «¿Qué estás haciendo ahí, tipo raro?».

Me sentía mejor el día que llegamos a Houston, pero seguía teniendo clara una cosa: todavía no era astronauta. Ni siquiera estaba cerca de serlo. Eso me lo habían dejado meridianamente claro en la carpeta que había recibido unos meses antes, que me hacía saber que mis compañeros de promoción y yo no éramos más que «candidatos a astronautas» o «CANAS», tal y como a los veteranos les gustaba llamarnos. La promoción de astronautas de 1996, el decimosexto grupo de astronautas seleccionados por la NASA, constaba de cuarenta y cuatro miembros: el mayor grupo de todos los tiempos. El apodo de nuestra promoción era el de «las Sardinas», porque íbamos a estar apiñados en oficinas en nuestro edificio en el Centro Espacial Johnson. Sólo después de completar con éxito dos años de formación conseguiríamos el codiciado puesto de «astronauta».

Mi primera semana en la NASA fue muy parecida a la primera semana de cualquier persona en cualquier trabajo: rellenar mucho papeleo para el departamento de Recursos Humanos sobre planes de salud, planes de jubilación, guarderías para los hijos y otras cosas; pero también conocimos a Neil Armstrong, lo que no se pareció en nada a la primera semana en cualquier otro empleo en el mundo. Entonces llegó el viernes, y todos estábamos preparados para irnos a casa a pasar el fin de semana, cuando Jeff Ashby, el padrino de nuestra promoción, se dirigió hacia la parte delantera de nuestra aula para dirigirnos unas palabras. Jeff era un experimentado piloto de pruebas de la Armada que poseía el rango de comandante. Había sido un CANAS en la promoción anterior a la nuestra: la de «las Babosas» (o, tal y cómo se llamaban a sí mismos, «los Caracoles Voladores»). Jeff había demostrado unas dotes de liderazgo tan buenas en su breve paso por la NASA que le asignaron que nos orientara a lo largo de nuestro programa de formación.

—Poned atención —dijo Jeff—. Antes de que nos vayamos a casa a pasar el fin de semana, quiero recordaros que vuestra formación empieza en serio la semana que viene, y nuestra primera prueba importante es la prueba de natación.

«¿En serio? –pensé–. ¿No podemos hacer ninguna otra cosa? ¿Qué hay de una prueba de matemáticas, o de un examen de física? ¿En serio tenemos que empezar con la prueba de natación?».

La alegría que había sentido desde que había llegado se agrió, convirtiéndose en una desagradable sensación de fatalidad inminente. Jeff prosiguió entonces pidiendo que levantáramos la mano.

—¿Quiénes son buenos nadadores en este grupo? –preguntó.

Teníamos algunos submarinistas cualificados de la Armada en nuestra promoción y algunos otros que eran excelentes nadadores. Todos ellos levantaron la mano. Entonces, Jeff hizo una segunda pregunta:

—De acuerdo. Lo más importante es quiénes son *malos* nadadores en este grupo. Y no me mintáis. Necesito que me digáis la verdad.

Levanté la mano tímidamente junto con otras personas con aspecto de intelectuales, incluyendo a mi nuevo y buen amigo, Charlie Camarda, que, al igual que yo, creció en la región de la ciudad de Nueva York y nunca le gustó mucho el agua.

Jeff prosiguió entonces para decir que todos los de la promoción que no hubieran levantado la mano podían irse a casa, pero que los que habían levantado la mano, los buenos y los malos nadadores, debían quedarse después de clase y acordar una hora para reunirse en una piscina a lo largo del fin de semana. Los buenos nadadores iban a ayudar a los malos nadadores.

—Porque cuando hagamos esto el lunes –dijo Jeff–, no vamos a irnos de la piscina hasta que todos superen la prueba.

Justo ahí y en ese momento supe que había entrado en un mundo nuevo. En EE. UU., empezando con las pequeñas estrellas doradas que nos ganamos en la escuela primaria, se nos orienta para que nos valoremos basándonos en los logros individuales, y aunque el éxito individual gratificante ocupa su espacio, con demasiada frecuencia se lleva a tal extremo que amenaza a cualquier tipo de trabajo en equipo o acción colectiva. En mis anteriores trabajos la situación casi siempre había sido ésa. Eso da lugar a un mundo despiadado en el que toda la gente va a lo suyo y nadie confía realmente en los demás; y esto se convierte en algo que se autorrefuerza, porque si no percibes que haya alguien que vele por ti, entonces y por supuesto, no te queda más remedio arrimar el ascua a tu sardina.

Con el anuncio de Jeff sobre la prueba de natación, aprendí, de inmediato, que lo que importaba en este mundo era que pudiéramos triunfar como equipo. En la NASA, al igual que en las Fuerzas Armadas, tu vida depende de la vida de la persona que tienes a tu lado, por lo que no hay nada de todas estas cosas de la hiperindividualidad. Sigues siendo valorado tú solo, tienes tus propias revisiones sobre tu desempeño y tus evaluaciones profesionales; pero la vara con la que se valora es la de lo bien que contribuyes al grupo. Podrías ser Michael Phelps y batir un récord mundial en la prueba de natación el lunes, pero si uno de tus compañeros de curso suspende, entonces tú también has fracasado; o, como en el caso de mi situación personal, si tú eres el que suspende, entonces serías responsable del fracaso de todo el grupo. Ahora sentía un tipo de presión completamente distinto. Ya no me preocupaba ponerme en ridículo, sino que no quería ser el que supusiese un lastre para el grupo, lo que suponía un tipo completamente distinto de motivación.

El sábado por la mañana, los buenos nadadores y los «discapacitados acuáticos» nos reunimos en la piscina del patio trasero de mi compañera de clase Peggy Whitson. Fue maravilloso. Yo estaba con Heidi Piper, una submarinista de la Armada, que me estaba dando indicaciones que la habían ayudado en su trayectoria profesional. Tenía a Piers Sellers, un doctorado en Ciencias de la Tierra de Inglaterra, que me mostraba cómo había aprendido, al otro lado del charco, una forma fácil de nadar de espaldas cuando era un colegial. Desde el momento en el que nos metimos en el agua, no sentí ningún tipo de juicio ni de condescendencia por su parte. Los débiles no eran una carga que supusiera un lastre para los fuertes. No era «injusto» que ellos tuvieran que pasar su fin de semana ayudándonos. Sólo había una sensación de que todos estábamos juntos en esto y que todos debíamos ayudarnos los unos a los otros para tener éxito.

El lunes por la mañana, las Sardinas se volvieron a reunir para meterse en el agua en las instalaciones deportivas Clear Lake, una piscina cubierta de un vecindario que la NASA alquila para distintos ejercicios de entrenamiento que no se llevan a cabo en el Centro Espacial Johnson. Después de cambiarnos en el vestuario, todos nos reunimos en el borde de la piscina con toda nuestra ropa y equipo puestos: el traje de vuelo, el casco y las botas. Yo seguía estando un poco nervioso, pero la ansiedad que pudiera tener quedó mitigada por el hecho de que sabía que no estaba solo en esto. Al poco rato ya no estaba lleno de temor. De hecho, me estaba divirtiendo, cosa que nunca habría esperado que sucediera. Tenía a cuarenta y tres compañeros de equipo respaldándome, y no íbamos a salir de esa piscina hasta que todos lo hubiéramos logrado.

También había un gran sentimiento de camaradería alrededor de la piscina. Mi nuevo compañero, Charles *Scorch* Hobaugh, que pertenecía al Cuerpo de Marines de EE. UU., había pasado por este tipo de prueba antes. Iba de un lado a otro, animando a todos con un buen espíritu de equipo. También teníamos a Mike Fincke, el CANAS más joven de la promoción, por lo cual se le puso el apodo de Spanky («Pipiolo»). Mike era un tipo que pertenecía al Ejército del Aire que, a pesar de proceder de las Fuerzas Armadas, era quizás peor nadador que yo, pero lo genial de Mike era que tenía un buen sentido del humor al respecto. «¿Cuándo llegamos a la parte de la prueba en la que nos hundimos?», preguntaba a los instructores. El hecho de que Mike pudiera mostrarse tan despreocupado con respecto a sus dificultades me ayudó a relajarme en cuanto a las mías.

Todos nos metimos en el agua y pasamos por los distintos ejercicios. En primer lugar, el nado de supervivencia a lo largo de una gran distancia, luego el nado de rescate, las técnicas antiahogamiento y, por último, después de que todos estuviésemos bien cansados después de todo eso, caminar por el agua. Eso, para mí y para varios otros compañeros, resultó ser la verdadera parte asesina. Era brutal, una prueba de resistencia que pensé que nunca iba a acabar. Cuando hicieron sonar el silbato para que iniciáramos la tercera y última fase de la prueba, elevando las manos fuera del agua, yo ya estaba en las últimas. Sabía que si mis manos se sumergían en el agua, aunque sólo fuera durante un segundo, tendría que comenzar de cero y hacerlo todo de nuevo, con toda mi promoción en la piscina esperándome. Caminando por el agua, poniendo toda la carne en el asador, busqué por todos lados a Mike Fincke. Me dije a mí mismo que si Mike seguía adelante, entonces yo también podría hacerlo; pero mientras giraba mi cabeza a un lado y a otro, no pude verle en absoluto. Entonces le espié: no realmente a él, sino a sus manos. A Mike no le quedaba energía para mantener su cabeza por encima del agua (los tipos que están en forma carecen de una flotabilidad natural), pero estaba aguantando su respiración bajo el agua y pataleando justo con la fuerza suficiente para mantener sus diez dedos de la mano secos. Las instrucciones eran que sólo las *manos* tenían que estar en el aire y, madre mía, Mike no iba a permitir que sus manos se sumergieran en el agua. En ese preciso momento comprendí la determinación de este grupo de personas.

Cada uno de nosotros superó esa prueba. Todos éramos ganadores, y habíamos ganado como equipo.

A lo largo de los siguientes años llegué a comprender que triunfar como equipo supone sólo parte del relato. Puede que lo que sea todavía más importante sea fracasar como equipo. Ganar es fácil. Todo son choques de manos y felicitaciones; pero ¿qué sucede cuando las cosas van mal y pierdes? ¿Echáis a alguien a los pies de los caballos u os mantenéis juntos y asumís las responsabilidades como equipo? Algunas (pocas) veces en mi trayectoria profesional fui testigo de errores cometidos en órbita mientras estaba apoyando al vuelo desde Houston. Cuando la tripulación regresó al Centro Espacial Johnson (CEJ) para entregar su informe a la Oficina de Astronautas, me preguntaba cómo se iba a manejar el asunto.

Un incidente determinado en un vuelo parecía ser claramente culpa de un miembro concreto de la tripulación, y me preocupaba que la pifia pudiera afectar a su carrera; pero durante el reporte, toda la tripulación aportó su punto de vista sobre lo que había sucedido. Compartieron la responsabilidad. Con ese enfoque (asumir todos los errores como equipo), ninguna persona concreta soportaba toda la carga. Se aprendieron lecciones y ninguna trayectoria profesional se vio afectada negativamente; pero si la tripulación no se hubiera mantenido unida, el resultado hubiera sido muy distinto: es decir, una mancha negra en la carrera de un astronauta.

Mi segundo vuelo espacial fue la misión STS-125, el intento desesperado de la NASA por reparar el telescopio espacial Hubble antes de que el programa espacial echara el cierre para siempre. Llegó tras el desastre del Columbia, donde perdimos a siete astronautas en la reentrada en la atmósfera terrestre. La misión STS-125 se consideró una propuesta muy arriesgada. Durante la última conferencia de prensa previa al vuelo, nos preguntaron cuáles pensábamos que eran las probabilidades de éxito o fracaso. Mike *Bueno* Good, mi amigo y compañero en los paseos espaciales, tomó el micrófono. Dijo que independientemente de con lo que nos encontráramos, nos enfrentaríamos a ello como un equipo. Triunfaríamos juntos o fracasaríamos juntos.

Las palabras de Bueno se pusieron a prueba al cabo de poco tiempo. En cada paseo espacial durante esa misión, el telescopio espacial Hubble parecía tenernos reservado un problema, incluyendo los últimos momentos de nuestro último paseo espacial. Yo estaba dentro del transbordador, mirando hacia fuera, hacia la bodega de carga, repasando la lista de verificación mientras vigilaba a John Grunsfeld y Drew Feustel, los dos caminantes espaciales, que estaban ahí fuera. John y Drew estaban acabando un paseo espacial muy largo e intenso. Era nuestro quinto paseo espacial en cinco días: acabaríamos estableciendo un récord de equipo de tiempo total de paseos espaciales en un vuelo del transbordador espacial. Después de completar con éxito una larga lista de tareas, estábamos listos para llevar a cabo la conclusión de las tareas en el Hubble y la bodega de carga y considerar la misión un gran éxito.

Una de las últimas tareas de John y Drew consistía en retirar una cubierta protectora que habíamos colocado sobre la antena de baja ganancia (ABG). La ABG, que tiene un largo de unos treinta centímetros y tiene forma de cono, se usa para los datos de ingeniería y es una de entre dos antenas redundantes. Las antenas de alta ganancia se ocupan del flujo de todos los datos científicos y e ingeniería, por lo que las ABG son importantes, pero no críticas. La pequeña punta de la ABG era delicada y protegía los elementos de la antena. Por lo tanto, antes de siquiera empezar con nuestras reparaciones, habíamos instalado una cubierta protectora que protegía la punta de la ABG de cualquier contacto involuntario por parte de un paseante espacial.

En ese momento, en el que los paseos espaciales estaban llegando a su conclusión, se retiró la cubierta protectora y se guardó con éxito, y John estaba llevando a cabo una inspección final a la que sólo le faltaban unos minutos. Esto sucedió durante un paseo nocturno, lo que significa que estábamos en órbita sobre el lado oscuro de la Tierra, lejos del Sol, con una visibilidad limitada. Una de nuestras tareas como paseantes espaciales y como miembros de la tripulación dentro de la astronave consiste en cubrirnos las espaldas mutuamente, y a veces literalmente. Drew estaba observando a John, pero también tenía sus propias tareas que llevar a cabo. Mientras tanto, yo estaba intentando vigilar a John desde dentro del transbordador, a través de las ventanillas de la cubierta de popa; pero, al igual que Drew, estaba combinando eso con el repaso de la lista de comprobación que tenía frente a mí.

Debido a cambios de última hora en la coreografía de nuestros paseos espaciales, se rotó el telescopio hasta que adoptó una orientación desconocida en comparación con cómo habíamos entrenado. Esto dejó a la ABG en una situación distinta a la que se había encontrado durante la mayor parte de nuestro entrenamiento. Mientras John atravesaba el Hubble de una punta a la otra, su mochila se estaba acercando peligrosamente a la ABG, que ahora estaba desprotegida, pero ninguno de nosotros lo vio hasta que fue demasiado tarde. A mí se me pasó por completo, y Drew no lo vio hasta el último segundo. Le oí gritar *«¡Para! ¡Para! ¡Para!»*, y levanté la vista de mi lista de comprobación para ver qué estaba pasando, pero justo en ese momento, la mochila de John golpeó la delicada punta del cono de la ABG, enviando un pequeño pedazo de él hacia el espacio, hacia Drew, que, muy sorprendentemente, lo pilló.

Colectivamente, se nos cayó el alma a los pies. Supimos, en ese preciso momento, que no había forma de reparar la antena. El daño estaba hecho. John Grunsfeld era nuestro paseante espacial principal por una buena razón. No sólo era el paseante espacial más experimentado con respecto al Hubble, sino que también era la persona más experta que haya conocido en todos los aspectos relacionados con el telescopio: cómo se construyó, cómo funcionaba y lo importante que era para la astronomía y el mundo. Había llevado a cabo un trabajo excelente dirigiéndonos a lo largo de nuestro entrenamiento y la misión. Nuestra tripulación había completado todos los objetivos de la misión y superado las expectativas de toda la gente. Habíamos superado todos los retos que el Hubble nos había lanzado durante la misión, y ahora pasaba esto.

Informamos al centro de control de lo que había sucedido. Llevaron a cabo una prueba de comunicación rápida y llegaron a la conclusión de que la antena seguía funcionando bien, pero que deberíamos volver a colocar la cubierta protectora para evitar cualquier daño posterior si un micrometeorito impactaba contra la zona dañada. La cubierta reduciría ligeramente la capacidad de comunicación de la antena, pero, en realidad, la variación en la señal era tan pequeña que resultó ser insignificante. John volvió a colocar la cubierta sobre la ABG, acabó con la limpieza final y regresó al compartimento estanco con Drew.

Una vez que estuvieron dentro, hablamos de lo que había sucedido. Por el sonido de la voz de John, podía decir que se estaba machacando a sí mismo, pero no era su culpa ni la de nadie concreto, sino que era culpa del equipo. Debíamos, ya para empezar, haber hecho un mejor trabajo para evitar el accidente. Es imposible tener ojos en la nuca. Drew y yo éramos los responsables de vigilar el espacio libre del que disponía John en la ABG y otros obstáculos. Si yo hubiera estado prestando más atención, podría haber previsto que John golpearía la antena. En ningún momento ninguno de nosotros permitió que ningún miembro de la tripulación se echara la culpa a sí mismo. Nadie lanzó a nadie a los pies de los caballos y, a fecha de hoy, estoy increíblemente orgulloso de cómo lo gestionamos. Es fácil mantenerse unidos cuando se gana, pero la forma en la que un grupo se maneje en la derrota supone la verdadera medida de tu equipo y de las personas que lo forman.

Esa noche recibimos una llamada telefónica de felicitación de Steve Lindsey, el jefe de la Oficina de Astronautas. En la llamada, nuestro comandante, Scott Altman, tomó el micrófono y le explicó a Steve las grandes cosas que la tripulación había logrado ese día. También mencionó la pifia que se había producido y que se trataba de un error compartido. Explicó cómo nos recuperamos juntos y que el Hubble no sería ni un ápice peor por lo que había sucedido tras una enorme serie exitosa de paseos espaciales. «Sí, he oído lo de la antena –contestó Steve–, pero eso no es nada. Le podría haber pasado a cualquiera. Todos habéis hecho un gran trabajo. No es necesario mencionar más lo de la antena».

Y eso fue todo.

Frecuentemente me preguntan qué es lo que más echo de menos de ser astronauta, y mi respuesta es siempre la misma. No es estar en el espacio, por muy genial que sea eso. Lo que más echo de menos es formar parte de ese equipo. Ahora doy clases en la Universidad de Columbia, en la ciudad de Nueva York. Es una institución maravillosa y trabajo con mucha gente fabulosa, pero nada de lo que he encontrado en el mundo civil puede compararse con el espíritu de equipo que encuentras en un lugar como la NASA, y eso es algo desafortunado, porque el mundo se está convirtiendo en un lugar más complicado e interdependiente a cada día que pasa. Los paisajes tecnológicamente sofisticados que vemos frente a nosotros no pueden ser dirigidos por una persona sola. Sólo podemos hacerlo juntos, en equipos que permanezcan juntos a las duras y a las maduras, en equipos que celebren juntos la victoria y estén los unos al lado de los otros en la derrota.

También me preguntan frecuentemente sobre en qué se fija la NASA al escoger a los astronautas. Debes poseer las cualificaciones adecuadas, pero mucha gente las posee. Lo que es más difícil de encontrar es el tipo de persona que encaje bien en la cultura del trabajo en equipo, alguien que ponga el éxito del equipo y de la misión por delante de sus propias ambiciones personales, alguien que nunca deje atrás a un compañero de equipo cuando esté en dificultades y necesite ayuda, alguien que respalde a su equipo cuando otro cometa un error o cuando el equipo sufra una derrota. Creo que esos atributos son los más importantes para un astronauta o, si vamos al caso, para cualquiera en cualquier sector.

Joe Namath, mi héroe del fútbol americano en mi niñez, dijo en una ocasión: «El fútbol americano me enseñó que la vida es un deporte de equipo». En mi caso, ser astronauta me enseñó lo mismo. Hay una escena en *Elegidos para la gloria,* la película que reavivó mi deseo de convertirme en astronauta cuando estaba en mi último año en la universidad. John Glenn está preparado para ser el primer estadounidense en orbitar alrededor de la Tierra, pero su lanzamiento es cancelado. Mientras tanto, el vicepresidente Lyndon Johnson está esperando fuera de la casa de Glenn, pidiendo que se envíen equipos de televisión para hablar con Annie, la mujer de Glenn, en la televisión pública nacional; pero Annie sufre un problema de tartamudez y no quiere aparecer en la televisión. Por lo tanto, John habla por teléfono con ella y le dice básicamente que no pasa nada si quiere enviar al vicepresidente de EE. UU. al cuerno. Lo siguiente que vemos es cómo un jefecillo de la NASA se lanza al cuello de Glenn, diciéndole que no puede hacer caso omiso así al vicepresidente. Cuando Glenn no da su brazo a torcer, el tipo de la NASA amenaza con apartarle de la rotación de vuelos y de reemplazarle si no obedece las reglas. Entonces, el resto de los astronautas del programa espacial Mercury dan un paso al frente y se enfrentan al tipo, y Deke Slayton dice:

—Ah, ¿sí? ¿A por quién vas a ir? (lo que quiere decir: «Sólo tienes a siete astronautas aquí, y todos estamos al lado de Glenn»).

El jefecillo simplemente se queda quieto de pie ahí, anonadado y, por último, Alan Shepard le dice:

—Hazte a un lado, tío.

Para mí, ese momento lo resume todo. Así es cómo tratas a los compañeros de equipo. Al ver esa película, no quería solamente ir al espacio, sino que quería formar parte de ese equipo, de personas que siempre estarían ahí, en los buenos y los malos momentos. Ésa es, ciertamente, la marca de un equipo exitoso, y agradezco haber formado parte de lo que creo que es el mejor equipo que nunca se haya reunido: el Equipo de Astronautas de la NASA y los que nos apoyaban en la Tierra para hacer que nuestras misiones tuvieran éxito. Si quieres tener algo sí en tu vida, recuerda:

- Deja de machacarte. A EE. UU. le encanta homenajear al individuo exitoso, al inventor brillante y al empresario inconformista, pero el mito del genio solitario no es más que eso: un mito. Muy rara vez una única persona consigue algo grande. Hizo falta que miles de hombres y mujeres trabajaran juntos para hacer que Neil Armstrong fuera el primer hombre en la Luna, y Neil siempre se esforzó mucho por recordarle eso a la gente (es de destacar que la razón por la cual la insignia de la misión Apolo 11 es la única insignia en la historia de la NASA que no incluye los nombres de la tripulación es porque Neil y su tripulación querían que el diseño representara a todos los que habían trabajado para el éxito de la misión). Thomas Alva Edison siempre dependió de las ideas y descubrimientos de los trabajadores de su laboratorio para sus inventos. Incluso Shakespeare necesitó a actores para representar sus obras en los escenarios. Pese a ello, la mayor parte del tiempo nos sentamos y juzgamos nuestros fracasos en comparación con sus logros, sin darnos cuenta de que la grandeza humana constituye casi siempre una colaboración. No lo hagas, no te machaques.

- Todos tenemos limitaciones. Busca a una pareja que compense las tuyas. Si eres un mal nadador, busca a uno bueno, y no te avergüences por admitir que le necesitas. Los equipos son más fuertes cuando todos reconocemos las formas en las que nos necesitamos los unos a los otros.

- Por contra, cualesquiera que sean tus fortalezas, compártelas y no seas egoísta. No es injusto que los fuertes tengan que ayudar a los débiles, ya que todos podemos ayudar en las cosas en las que somos fuertes y todos necesitamos ayuda cuando nos sentimos débiles, por lo que al final todo se iguala.

- Otórgale siempre el reconocimiento al equipo, ya que, de todas formas, tampoco necesitas dicho reconocimiento. La principal razón por la cual hacer algo es para ser útil para un propósito mayor. Lo haces por la satisfacción de un trabajo bien hecho, por la sensación de logro que obtienes al alcanzar un objetivo importante en la vida o incluso simplemente ejecutando una tarea de tu lista de comprobación. Si haces algo sólo por los elogios, porque quieres ser famoso y reconocido por ello, entonces lo estás haciendo por la razón equivocada. Los elogios públicos pueden ser ciertamente agradables, pero puedes compartir el mérito con el equipo y que te siga quedando más que suficiente para ti, lo que te deja con simplemente un poquito de gloria y un montón de amigos que te cubren las espaldas. Es ahí donde quieres estar.

Cuando seas bueno en algo, comparte tu talento con los que lo necesiten, y cuando no seas bueno en algo, no tengas miedo de admitir que necesitas ayuda y a aceptarla de los demás. Nadie quiere nunca admitir una debilidad, pero parte de lo que constituye un equipo consiste en reconocer las formas en las que nos necesitamos los unos a los otros, y es el éxito del equipo lo que importa. Cuando el equipo triunfa, tú triunfas. En el mundo complejo en el que vivimos es imposible conseguir grandes cosas por tu cuenta. Tanto en nuestra vida personal como profesional, ninguno puede pasar por las aventuras de la vida solo. Encuentra tu equipo, reúnelo a tu alrededor y mantenlo cerca de ti.

DI LO QUE PIENSAS Y NO TE CALLES NADA

CUANDO VEAS ALGO QUE ESTÉ MAL O HAGAS ALGO QUE ESTÉ MAL, HÁZSELO SABER A LA GENTE

Empezando por la época del programa espacial Apolo, cuando el Programa de Astronautas se expandió para incluir a civiles que no tenían ninguna experiencia en vuelos militares, una de las principales preguntas a las que se enfrentaba a la NASA era: «¿Deberíamos formar a pilotos para que sean científicos o entrenar a científicos para que sean operarios y copilotos?». En términos generales, se decidieron por ambas opciones, lo que significaba que era necesario que cada mes, los CANAS civiles como yo cubriéramos varias horas de formación de buena disposición para los vuelos espaciales entrenándonos en el asiento trasero del T-38, un avión a reacción de alto rendimiento usado por las Fuerzas Armadas.

La idea era que si aprendes a volar en un simulador, en lo más profundo de tu mente sabes que siempre vas a salir ileso de ello, mientras que si vuelas en un avión de verdad, te encuentras con peligros reales, lo que te proporciona la oportunidad de aprender cómo actuar en situaciones de vida o muerte como aquéllas con las que lidiarás en el espacio. Aprendes a trabajar en equipo en un entorno de vuelo operativo, con el piloto al mando en la cabina delantera pilotando el avión y el especialista civil de la misión trabajando con la navegación y la radio en la parte posterior. Aprendes a comunicarte con una torre de control, igual que harás con el centro de control, y aprendes a gestionar emergencias reales, algunas de las cuales son potencialmente fatales.

En estos vuelos de formación en el avión T-38, la diferencia en cuanto a la experiencia entre la persona que va delante y la que se sienta detrás puede ser enorme, y ése fue, ciertamente, el caso en uno de mis primerísimos vuelos. Estaba volando con mi compañero de curso Jim *Vegas* Kelly. Vegas era un piloto de caza de la Fuerza Aérea y piloto de pruebas que acumulaba más de 3800 horas de vuelo en más de 35 tipos distintos de aeronaves. En cambio, cuando yo me subí al asiento trasero del T-38 ese día, tenía menos de diez horas de experiencia en aviones de alto rendimiento de cualquier tipo.

Nuestra excursión fue un corto trayecto de ida y vuelta desde Ellington Field, en Houston, hasta la Base Lackland de la Fuerza Aérea, en las afueras de San Antonio. Vegas estaba buscando acumular algo de tiempo de vuelos nocturnos, por lo que el plan era despegar al final del día y regresar después de la puesta del Sol. El vuelo hacia San Antonio fue bien. Vegas era un tipo joven, afable y divertido. Tenía la naturaleza optimista de un capitán de un equipo de fútbol americano de instituto, el tipo que siempre entra en la piña de jugadores, diciendo: «¡Venga tío, podemos hacerlo!». Su estado de ánimo era especialmente sociable ese día, compartiendo sus conocimientos y su experiencia para ayudarme a convertirme en un mejor copiloto. Aterrizamos en Lackland, repostamos, nos tomamos un descanso y nos preparamos para el vuelo de regreso a casa.

Para cuando nos preparamos para maniobrar para salir hacia la pista de despegue, ya era de noche, y volar siempre se vuelve más difícil y complicado en la oscuridad. Se parece a conducir un coche de noche: pierdes la visión del entorno debido a la visibilidad reducida. Una de mis responsabilidades como copiloto consistía en comunicarme con la torre de control en lo tocante a disponer de una pista libre para despegar, lo que incluía información como la altitud hasta la que ascenderíamos, qué radiofrecuencia debíamos usar y qué rumbo tomar, lo que significaba hacia qué dirección con respecto a la brújula debíamos volar después del despegue. Esa noche, las instrucciones que recibimos de la torre de control fueron: «Después del despegue tomen rumbo 350». Por lo tanto, anoté eso, se lo volví a leer al controlador aéreo, y lo introduje en el ordenador de vuelo para que Vegas lo siguiera tras el despegue.

En ese momento se nos permitió avanzar hacia la pista, pero todavía no se nos dio permiso para despegar. Entonces, mientras la torre de control nos daba la luz verde para despegar, nos proporcionaron un nuevo rumbo: «Después de despegar –nos dijeron entonces–, tomen rumbo 170». Repetí el nuevo rumbo a la torre de control para que lo confirmara y lo introduje en el ordenador de vuelo para que Vegas dispusiera de él. Encendió los posquemadores, avanzó por la pista y una vez que alcanzó la velocidad para elevarnos, tiró de la palanca hacia atrás e hizo que el morro se despegara del suelo. Confirmé que estábamos ganando altitud y le di la señal a Vegas para que recogiera el tren de aterrizaje.

Mientras ascendíamos más y más, atravesando el negro cielo, Vegas inició su giro hacia nuestro destino, pero no giró hacia el nuevo rumbo 170, sino que viró hacia el antiguo: 350. Yo estaba confundido, pero como Vegas era tan habilidoso y experimentado, y yo apenas sabía cómo ponerme el arnés en mi puesto en la cabina, no dije nada. Asumí que él sabía lo que estaba haciendo y que yo debía haberme equivocado en algo.

Mala suposición.

Segundos después de que Vegas hiciera ese giro incorrecto, se oyó la voz del controlador de la torre por la radio: «NASA 955, ¡GIRE A LA DERECHA AHORA! ¡GIRE DE INMEDIATO HACIA LA DERE-CHA HACIA RUMBO 170!». Vegas nos hizo virar hacia la derecha y se desvió hacia el rumbo correcto. Él se dio cuenta, instintivamente, de lo que yo había pasado por alto: que nos dirigíamos directos a una colisión en pleno aire con otra aeronave; que la razón de que modificaran nuestro rumbo se debía a que un vuelo entrante estaba usando esa trayectoria para aterrizar.

—¡Caramba! –dijo Vegas después de ponernos en la dirección correcta–. ¿Qué ha pasado? ¿Nos ha dado un rumbo distinto?

—Sí –dije–. La torre de control lo ha cambiado mientras estábamos en la pista despegue.

—¿Han hecho eso?

—Míralo en el ordenador de vuelo. Lo cambié ahí.

Vegas se detuvo un momento:

—¿Y no me has dicho nada cuando has visto que iba en la dirección incorrecta?

—No –le dije avergonzadamente–. Supuse que sabías lo que estabas haciendo.

Ésas fueron las últimas palabras que intercambié en esa cabina durante el resto de la noche, aparte de la comunicación mínima necesaria para completar el vuelo con éxito. No hubo cháchara, no hubo bromas ni conversación sobre cosas ajenas nuestra ocupación. Se trató simplemente de trabajo, y fue todo muy incómodo. En el fondo de mi ser sabía que la había fastidiado, pero esperaba que lo dejáramos atrás y avanzáramos.

No fue así. Una vez que aterrizamos en Ellington, apagamos el avión a reacción, abrimos las cúpulas de la cabina, salimos del avión y descendimos por nuestras respectivas escaleras. En el mismo instante en el que mis pies contactaron con el suelo, elevé la mirada para ver a Vegas mirándome directamente a los ojos, con una expresión terriblemente seria en su rostro. No gritó, ni elevó su tono de voz, ni perdió los nervios, pero el tipo afable y sociable con el que había partido para volar había desaparecido.

—Lo primero que tienes que aprender de lo que ha pasado esta noche –dijo Vegas de forma muy enérgica y directa–, es que debes decir lo que piensas y no callarte nada cuando veas algo que podría estar mal. Fue fallo mío no darme cuenta del nuevo rumbo: eso es culpa mía y podría habernos matado, pero también podríamos haber muerto hoy porque no has dicho lo que pensabas y te has callado cosas.

Asentí, sintiéndome fatal mientras captaba toda la importancia sobre lo que Vegas estaba diciendo.

—¡Massimino! –dijo–. No importa si yo tengo miles de horas de vuelo de experiencia y tú sólo un par. Debes decir lo que piensas y no callarte nada. Si estás equivocado, no pasa nada. Observaré la situación, y si no estás en lo cierto te lo diré, pero pese a ello te agradeceré que digas lo que piensas y no te calles nada. ¿Lo has entendido?

—Lo he pillado.

Aprendí una valiosa lección.

* * *

Nunca es fácil ser la persona nueva, el foráneo. Estás nervioso y te sientes inseguro. Cuando surgen situaciones complicadas, tu «configuración predeterminada» suele ser la de quedarte quietecito, ceder el mando a los veteranos y esperar a asentar tu posición antes de expresar tu opinión. Eso es un error, especialmente si ves u oyes algo que suponga una preocupación legítima.

Al hablar de la necesidad de una buena comunicación en la cabina del avión, los pilotos con los que volé (como Vegas) siempre solían decirme que sabría cuándo era el momento adecuado para decir algo. Lo harás «si se te erizan los pelos de la nuca» o «si percibes una sensación extraña en la boca del estómago». Lo mismo se aplica a cualquier situación en cualquier puesto de trabajo. Debes confiar en tu instinto, incluso aunque resulte no ser correcto. Es mejor decir lo que piensas y no callarte nada y equivocarte que quedarte callado y que suceda alguna desgracia.

De hecho, las opiniones de los profanos y los novatos son válidas, y los inexpertos y los bisoños suelen ser las personas más observadoras del equipo, porque están aprendiendo. Sus antenas están desplegadas. Son los veteranos, que están muy habituados al entorno, los que empiezan a pasar cosas por alto, frecuentemente con resultados desastrosos. Ésa es la razón por la cual *todos* tienen voz y voto cuando están implicados el éxito o la seguridad de una misión. Esa idea es la ética prevalente en la NASA. La aprendí desde un buen principio gracias a Vegas, y nunca la olvidé desde aquel día.

Un par de años después tuve la oportunidad de mostrar lo bien que había aprendido la lección. Estaba volando un día con Bill Ehrenstrom, uno de nuestros pilotos padrinos/instructores. Bill había sido piloto de la Fuerza Aérea y tenía miles de horas de experiencia de vuelo, tanto en el campo militar como en la NASA. Íbamos al Cabo, que es como llamamos al Centro Espacial Kennedy (CEK). Es la abreviatura de Cabo Cañaveral, el terreno sobre el que se construyó el CEK. Todo fue bien durante el vuelo hacia el Cabo, pero de camino a casa, cuando llevábamos media hora de vuelo, todo se volvió muy silencioso en la cabina. No podía oír a Bill y él no podía oírme a mí. Habíamos sufrido un fallo total de la radio. No disponíamos de radio. En el argot de los pilotos, nos habíamos quedado «NORDO». No sólo no podíamos hablar con nadie externo al avión, sino que tampoco podíamos hablar entre nosotros.

Mientras volábamos, usamos señales manuales para comunicarnos el uno con el otro. Podía ver a Bill delante de mí, y él usó un espejo en su cabina para poder verme a mí, que estaba detrás de él, pero no podíamos comunicarnos con el centro de control del tráfico aéreo en absoluto: ellos no podíamos oírnos y nosotros no podíamos oírlos. Por lo tanto, ajustamos nuestro transpondedor al Código 7600, que es el código que permitiría saber al centro de control del tráfico aéreo que estábamos volando sin radio. Repasamos nuestra lista de comprobación de las cosas que había que hacer.

El procedimiento NORDO estándar indicaba que debíamos seguir la ruta que se había acordado con el centro de control del tráfico aéreo antes de nuestro despegue, lo que hacía que tuviéramos que aterrizar para repostar combustible en Nueva Orleans, pero Bill tomó una tarjeta, garabateó un mensaje en ella y la sostuvo en alto sobre su hombro. Decía que Nueva Orleans era un aeropuerto demasiado concurrido, por lo que en lugar de ello debíamos ir al aeropuerto Acadiana, en New Iberia (Luisiana). Acadiana era un aeropuerto en el que aterrizábamos frecuentemente cuando íbamos al Cabo y regresábamos. Nos encantaba la comida cajún que había en el OBF (operador de base fija), donde echábamos combustible a nuestros aviones. Dirigirnos hacia allí tenía sentido desde un punto de vista de la seguridad. Los controladores de la torre estaban familiarizados con los aviones de la NASA, y el aeropuerto no tenía tanto tráfico como el de Nueva Orleans. Le di el visto bueno levantando el pulgar y cambiamos el rumbo del vuelo en el ordenador de vuelo para que nos llevara hacia nuestro destino.

El ordenador de vuelo nos proporcionó el nuevo rumbo a seguir, pero no nos proporcionó los cambios de altitud: debíamos averiguarlos por nuestra cuenta. Bill introdujo una nueva altitud en nuestro sistema de advertencia de proximidad al suelo, y descendimos hacia esa altitud. Sin radio y con Bill pilotando el avión, yo no tenía mucho que hacer. Por lo tanto, pensé que podría mirar en nuestras gráficas si podía encontrar algo útil sobre la nueva ruta que estábamos siguiendo. Eso pareció una mejor forma de contribuir en algo que simplemente estar ahí sentado como un saco de patatas, que es como los pilotos llaman a un copiloto inútil.

Mientras revisaba las cartas de aproximación (un folleto sobre las aproximaciones aprobadas hacia el aeropuerto de Acadiana) me di cuenta de que había un área de advertencia directamente en nuestro camino. Consistía en un globo meteorológico situado a una altitud elevada y unido a un cable que tenía una altitud mínima de seguridad, que es la altitud por debajo de la cual no puedes cruzar para así evitar una colisión en pleno aire con el globo o con el cable que lo une al suelo. Entonces me fijé en el sistema de advertencia de proximidad al suelo y vi que Bill nos estaba llevando bastante por debajo de la altura mínima de seguridad del globo meteorológico, y ya estaba descendiendo. Golpeé de inmediato el plexiglás que separaba nuestras cabinas. Una vez que conseguí captar la atención de Bill, le mostré la gráfica y le señalé el obstáculo. Bill echo una rápida ojeada a la tabla que tenía en su cabina para verificarlo, y entonces, de inmediato, inició un ascenso hasta una altura segura mientras me daba el visto bueno levantando el pulgar.

Llegamos a Acadiana y balanceamos las alas del avión sobre la pista de aterrizaje antes de nuestra aproximación final para informar a la torre de control de que habíamos llegado y para echar un buen vistazo al tráfico aéreo que había sobrevolando el aeropuerto. Entonces nos dirigimos hacia la pista y aterrizamos con éxito. Cuando salimos del avión Bill se acercó a mí y me estrechó la mano y me dijo que haber dicho lo que pensaba y no haberme quedado callado podía habernos salvado la vida. Lo que hice en ese vuelo se incorporó entonces a nuestra formación anual sobre seguridad como ejemplo de la forma adecuada de intervenir como copiloto en nuestros aviones: puedes decidir quedarte de brazos cruzados como un saco de patatas o puedes decir lo que piensas y no callarte nada.

En cualquier entorno laboral, no sólo es importante que digas lo que piensas y no te calles nada si ves algo que no está bien, sino que es imperativo que digas lo que piensas y no te calles nada cuando *hagas* algo que no esté bien, y es ahí donde las cosas se vuelven realmente difíciles.

La cultura de la NASA requiere que los astronautas digamos lo que pensamos y no nos callemos nada siempre que nos enfrentemos a un incidente relativo a la seguridad, que es lo que se conoce como «escaparse por los pelos»: algo potencialmente pernicioso provocado por un error de cálculo o un fallo. El astronauta implicado en el incidente debe informar sobre ello a toda la Oficina de Astronautas durante nuestra reunión de los lunes. Era como ir a confesarse, sólo que era incluso más embarazoso, porque en lugar de hablar anónimamente y en privado con un sacerdote, estabas admitiendo públicamente tus errores a tus colegas con luz y taquígrafos.

La primera de estas confesiones públicas de las que fui testigo se dio cuando uno de nuestros pilotos fue un poco demasiado rápido a la hora de elevar el tren de aterrizaje después de un *touch-and-go* (maniobra en la que un avión aterriza en una pista y despega nuevamente sin detenerse por completo). Siempre que aterrizábamos en nuestra base de operaciones, en Ellington Field, si disponíamos de algo de combustible extra en el avión a reacción, hacíamos tantos *touch-and-go* como fuera posible. Altas velocidades, giros con mucha fuerza G, despertar a los vecinos con el rugido de los motores. No había nada más divertido, pero en este *touch-and-go*, después de situar el avión en la pista, el piloto encendió el posquemador y elevó el morro del avión para volver a realizar la maniobra una vez más, y se apresuró demasiado a la hora de recoger el tren de aterrizaje. Esto generó demasiada fuerza de arrastre sobre la aeronave. El avión a reacción volvió a descender y la punta de un ala golpeó la pista a una alta velocidad. Afortunadamente, el piloto pudo recuperar el control y despegar del suelo, y nadie acabó herido, pero el avión sufrió daños. Se ofreció una confesión completa en la reunión del siguiente lunes por la mañana. Todo se perdonó y se aprendió una buena lección: no sólo por parte del piloto implicado, sino por parte de todos los que estábamos en la sala.

Por muy embarazosas que hubieran podido ser esas confesiones, eran necesarias para que el equipo trabajara con seguridad, razón por la cual nunca se usaron las confesiones en contra de nadie y el perdón siempre estaba garantizado. Ciertamente, el único pecado imperdonable era intentar tapar algo. Cualquier tipo de ocultación, excusa o de cargar el muerto a otro te etiquetaría como alguien no digno de confianza, y si alguna vez averiguaban que habías hecho algo así, las consecuencias serían graves.

Se dio un incidente antes de mi época en la NASA. Era un relato que se había convertido en algo así como una leyenda, un relato de advertencia que era transmitido de los veteranos a los novatos sobre qué no hacer nunca. Después de aterrizar en un aeropuerto desconocido a altas horas de la noche, un piloto hizo avanzar su T-38 fuera de la pista de rodaje, sobre terreno no pavimentado. Algo así podría pasarle a cualquiera. Pese a ello, es el tipo de cosa que no querrías admitir, porque es un poco embarazoso, pero tienes que admitirlo. Debes sincerarte, porque salirte de la pista pavimentada podría dejar piedras y tierra en el tren de aterrizaje, lo que podría dar lugar a problemas graves con éste la próxima vez que alguien intente pilotar esa aeronave. Estás poniendo en peligro la vida de esa persona siguiente por no decir lo que ha sucedido. Y esto es precisamente lo que hizo ese astronauta. En lugar de informar sobre lo que había pasado, decidió callárselo.

Mientras la tripulación de tierra inspeccionaba el avión antes de su siguiente vuelo con otro piloto, las pruebas salieron a la luz. Un jefe de equipo de Ellington encontró piedras y tierra en uno de los trenes de aterrizaje. Este avión se había salido de la pista pavimentada y había rodado sobre tierra. Si no hubiera sido por el jefe de equipo que descubrió estas pruebas, quién sabe qué podría haber pasado. Ese piloto nunca fue perdonado por sus acciones o, más exactamente, por su inacción. Ese incidente le hizo ganarse una reputación como alguien en quien no se podía confiar, y eso supuso el final de su carrera. Nunca volvió a volar al espacio.

La norma de decir lo que piensas y no callarte nada se aplica a todo el mundo, pero es especialmente importante para los novatos. Esto significa que también hay una inferencia para la norma de decir lo que piensas y no callarte nada para los líderes de equipo y los veteranos, y esta inferencia es que, sabiendo que los novatos van a sentirse intimidados, debes animarlos activamente a decir lo que piensan y a no callarse nada, y recompensarlos positivamente cuando lo hagan, incluso aunque sus observaciones resulten ser erróneas. La respuesta adecuada ante una observación incorrecta no es: «Te has equivocado. Cállate y deja de molestarme», sino que debería ser algo más parecido a: «Entiendo lo que quieres decir, pero en realidad no es esto lo que sucede debido a esto, eso o aquello; pero gracias por decir lo que piensas y no callarte nada».

El «gracias» es especialmente importante. Solíamos decir que el «gracias» siempre es una buena cosa que decir en la cabina. Le muestra a tu compañero de tripulación que agradeces su participación. Un buen líder quiere animar a cualquiera a decir lo que piensa y a no callarse nada, porque la próxima vez que lo haga, puede que acierte. Esto puede conducir a algunas falsas alarmas por el camino, pero es mejor una falsa alarma que una tragedia.

Y, por supuesto, tenemos la parte final de esta norma que se aplica a todo el mundo: ¡Cuando los demás expresen su opinión y no se callen nada, no olvides escuchar! A lo largo de los años, mientras ganaba experiencia y maduraba desde la etapa de CANAS a la de caminante espacial veterano, siempre recordé mostrar mi agradecimiento a los astronautas e ingenieros más experimentados que se habían mostrado abiertos a las observaciones e ideas que aportaba: algunas de ellas correctas y muchas otras incorrectas. Supe que cuando me llegara el momento de ser un líder en un vuelo espacial, siempre escucharía las ideas de los astronautas novatos, incluso aunque (y especialmente si) tuvieran sus ideas sobre hábitos y protocolos muy manidos, cosas que se hacían de una cierta forma simplemente porque siempre se habían hecho así. Aprendí que una perspectiva nueva es frecuentemente la mejor perspectiva.

En la misión STS-125, mi segunda misión al Hubble, una de mis principales tareas iba a consistir en la retirada y la sustitución de los giroscopios y de las unidades del sensor de velocidad (USV) del telescopio espacial. El reemplazar las USV ya se había hecho con éxito en dos misiones anteriores de mantenimiento del Hubble, pero era un procedimiento delicado. Requería que entrara con cuidado en el interior de la zona más delicada del telescopio: el área de navegación, con sus giroscopios y rastreadores de estrellas. Ahí retiraría cables de las USV y luego le pasaría cuidadosamente esas USV a Mike Good, mi compañero de paseo espacial, que se encontraría en el exterior del telescopio. Entonces, al tiempo que seguiría intentando evitar golpear estos delicados instrumentos, instalaría las nuevas USV en el interior del telescopio.

Ir pasando las USV desde el interior hacia el exterior (y viceversa) de la zona de navegación era la parte complicada. Mi alcance y visibilidad se verían afectados, ya que era difícil moverse ahí dentro, e incluso el más mínimo golpe sobre los rastreadores de estrellas (que se encontraban a menos de un par de centímetros de la trayectoria) podría dejar al telescopio averiado. Podía dejar fuera de servicio el sistema de alineamiento del Hubble, inutilizando su capacidad de apuntar con precisión hacia el cielo. Era como jugar al juego Operación, sólo que, si cometías un error, en lugar de hacer que se disparara un timbre ruidoso, destrozabas una herramienta de 1000 millones de dólares; pero como se había hecho de esta forma en el pasado, todos aceptamos que ésta era la forma en la que debía hacerse.

Todos nosotros, excepto el novato. Drew Feustel era un caminante espacial bisoño asignado a la misión STS-125. Drew se había unido a la Oficina de Astronautas unos pocos años antes y (no hay otra forma de decirlo) Drew es un poco diferente, pero de una forma muy positiva. Simplemente ve el mundo desde una perspectiva distinta. Se había costeado sus estudios universitarios trabajando como mecánico de coches y era un genio con cualquier cosa mecánica. Cuando observábamos una pieza de maquinaria juntos, yo veía una pieza de maquinaria, pero Drew veía una obra de arte. En la actualidad es uno de mis mejores amigos, y al final se convirtió en jefe de la Oficina de Astronautas: un pez gordo, un jefazo.

Entrenamos para nuestros paseos espaciales en el Laboratorio de Flotabilidad Neutra (LFN): la gigantesca piscina de la NASA que mide treinta metros de ancho, sesenta metros de largo y tiene una profundidad de doce metros. Es donde puedes llevar puesto un traje espacial, hacer que te sumerjan en el agua y trabajar con modelos a tamaño real extremadamente genuinos y herramientas mientras flotas de forma parecida a como flotarías en el espacio.

Cuando llegué a la NASA pensé que un nombre más adecuado para esta instalación para el entrenamiento hubiera sido «Gran Piscina Gigante», pero a medida que pasó el tiempo aprendí por qué recibía el nombre de laboratorio. Era un edificio pensado y equipado para dar con soluciones para problemas complicados durante los paseos espaciales: un lugar para experimentar con nuevas ideas y ponerlas a prueba.

Drew podía fijarse en una tarea y, de forma prácticamente instintiva, saber la mejor forma de hacer el trabajo. Por lo tanto, mientras nos observaba a mí y a Bueno entrenar para esta tarea absurdamente arriesgada de las USV en el LFN, se dio cuenta de qué era lo que estaba mal e hizo lo que se suponía que tenía que hacer: dijo lo que pensaba y no se calló nada. Señaló que la forma en la que estábamos moviendo los USV hacia dentro y hacia fuera del telescopio no sólo era complicada, sino también ineficiente y potencialmente peligrosa. A continuación, pasó a dibujar un esbozo de la nueva herramienta, basada en un juguete de la caja de juguetes de su hijo. La llamó «herramienta agarradora». John Grunsfeld la llamó «pinza extensible recogeobjetos». Funcionaba de forma muy parecida al juguete infantil con un nombre parecido. La pinza extensible recogeobjetos podía ser usada por un caminante espacial para acceder al interior del telescopio espacial desde fuera de él para extraer las USV antiguas. Entonces, una vez extraídas, podíamos usar la misma pinza Extensible recogeobjetos para insertar las nuevas. Como la parte de extraer y reemplazar de la tarea podía llevarse a cabo desde fuera del telescopio, sería más fácil, rápida y segura.

Lo que Drew estaba proponiendo iba contra veinte años de entrenamiento de paseos espaciales en el Hubble. Cuando comenzó con su propuesta, yo era escéptico, al igual que otros miembros del equipo, pero también sabía que era importante prestar atención a las ideas nuevas y escuchar lo que alguien tuviera que decir. No debes machacar la creatividad antes de escuchar todo el relato. La idea de Drew tenía sentido: valía la pena fijarse en ella y evaluarla en mayor detalle. Nuestros ingenieros incluso fueron a una tienda de juguetes para hacerse con la versión infantil de la herramienta, de modo que pudiéramos hacer una verificación rápida del concepto. A continuación, desarrollaron un prototipo para el LFN. Funcionó extremadamente bien, tal y como Drew predijo. Usamos la pinza extensible recogeobjetos en órbita y su desempeño también fue bueno ahí. Se implementó un procedimiento nuevo y mejor con éxito gracias a que una persona nueva dijo lo que pensaba y no se calló nada y a que la gente experimentada del equipo estuvo dispuesta a escuchar.

Por lo tanto, ¿cuál es la mejor forma de hacer que los novatos digan lo que piensan y no se callen nada?: motivarlos. Las recompensas y los incentivos obran maravillas. Frank Cepollina era el encargado del mantenimiento del telescopio espacial Hubble. Yo le llamaba el «padrino del mantenimiento del Hubble». Llevó toda la idea de animar a la gente a decir lo que pensaba y no callarse nada a un nuevo nivel. Lanzó un reto a sus ingenieros: «Si podéis dar con una forma de ahorrar un minuto de paseo espacial con una nueva técnica o herramienta, os elegiré para que recibáis un reconocimiento especial». Me encanta esa idea. Recompensar a alguien por decir lo que piensa y no callarse nada, aportando así una nueva idea y proporcionando un incentivo con un poco de competición para hacer que las ideas fluyan.

Pero no es fácil. Para algunas personas, romper el silencio es algo increíblemente difícil. Si no estás acostumbrado a decir lo que piensas y a no callarte nada, cuando te encuentres en esos momentos en los que tienes algo que decir, pero titubeas a la hora de decirlo, aquí tienes una lista de lo que debes recordar:

- Si ves que algo está yendo mal, en cuanto percibas esa sensación de desasosiego propia de una fatalidad, asegúrate de expresar tu preocupación. Incluso aunque resulte no ser nada, al equipo le irá mejor si escucha lo que tienes que decir.
- Cuando cometas un error, y pese a que quieras arrastrarte hacia una cueva y esconderte, debes hacer justo lo contrario: reconocer el error. Comparte las «lecciones aprendidas» de forma que tus compañeros de equipo no repitan el mismo fallo, y nunca nunca nunca intentes ocultar tus errores.
- Cuando seas el novato, y pese a que puedas sentirte intimidado, recuerda que una perspectiva menos experimentada es también una perspectiva fresca. Reexamina siempre las prácticas manidas y aceptadas desde tu punto de vista nuevo y luego expón tus ideas respetuosamente.

- Si eres el líder del equipo, da la bienvenida siempre a las ideas nuevas, y no sólo les des la bienvenida, ábreles la puerta, solicítalas e incentívalas. Alimenta una cultura en la que los errores puedan ser admitidos y se puedan compartir sugerencias sobre cómo mejorar sin miedo a sufrir represalias.
- Por encima de todo, recuerda que «gracias» siempre es una buena cosa que decir cuando alguien te señale algo.

No todos nuestros problemas son provocados por una mala comunicación, pero nuestra incapacidad para abordar esos problemas sí suele causarlos. Recuerda decir lo que piensas y no callarte nada siempre, y escucha siempre a aquellos que lo hagan.

CONFÍA EN TU FORMACIÓN, CONFÍA EN TUS HERRAMIENTAS Y CONFÍA EN TU EQUIPO

Y RECUERDA…, PUEDE QUE SEA EL COMETIDO DE OTRA PERSONA, PERO ES TU PELLEJO

A las 06:22 h del 1 de marzo de 2002, fui lanzado al espacio por primera vez y volé a bordo del transbordador espacial Columbia en la misión STS-109, que era la cuarta misión de la NASA para el mantenimiento y la mejora del telescopio espacial Hubble. Teníamos que estar en la plataforma de lanzamiento a alrededor de las 03:00 h, en plena noche, y tuvimos que pasar por un duro cambio en las horas de sueño para adaptarnos a ese horario, yéndonos a dormir hacia la una de la tarde y despertándonos hacia las 21:00 h para prepararnos para despegar; pero estaba emocionado por disponer de la oportunidad de dormir en los cuarteles de la tripulación de astronautas en el Centro Espacial Kennedy de la NASA: el mismo lugar en el que Neil Armstrong y el resto de las leyendas de la astronáutica durmieron antes de despertar el día de su lanzamiento. Desayuné en el mismo comedor que ellos. Me puse el traje espacial en la misma sala que ellos. Recorrí el mismo pasillo que conducía hacia el mismo ascensor y hacia la misma puerta. Una vez fuera, me subí a la furgoneta Astro Van, un vehículo plateado para camping tipo Gulf Stream modificado y me llevaron hacia la misma plataforma de lanzamiento que había visto en la televisión cuando era niño y en la que vi a mis héroes iniciar sus viajes a la Luna.

Mientras nos aproximábamos al transbordador espacial esa noche, el Columbia se hizo más grande. Normalmente, la vista del transbordador espacial se oculta por todas las estructuras de soporte que lo rodean. Todo eso se había retirado, dejando al Columbia completamente expuesto, intensamente iluminado por focos frente al cielo, negro como el carbón: una nave espacial lista para ir al espacio. A los pies de la plataforma de lanzamiento, el conductor se detuvo para que saliéramos. Normalmente, la plataforma de lanzamiento estaba a reventar de gente y de actividad. Ahora parecía desierta, ya que en ese momento había combustible en el tanque: hidrógeno y oxígeno líquidos, es decir: combustible para cohetes. Éste sólo se carga en los tanques unas horas antes del lanzamiento, ya que cuando está en su interior, el transbordador espacial se transforma, en esencia, en una bomba enorme, razón por la cual esa zona se vacía de personas, excepto por los pocos técnicos que tienen que sujetarnos con las correas y luego salir de ahí para dejarnos a nuestra suerte.

Al salir de la Astro Van, vi lo que parecía humo saliendo del transbordador: se trataba del vapor de agua procedente del oxígeno criogénico y el hidrógeno, lo que hizo que el transbordador pareciera un volcán a punto de entrar en erupción. Además, emitía unos ruidos que eran de otro mundo: unos gruñidos y gemidos metálicos. El combustible frío estaba provocando que la estructura metálica de la plataforma de lanzamiento se doblara y chirriara, y sonaba como si el Columbia estuviese agonizando, esperando a despegar. La nave espacial parecía enfadada, parecía viva, parecía una bestia. Después de todos los años soñando con la llegada de este momento, pensé: «Vaya... Puede que ésta no fuese una idea tan buena...».

La gente me pregunta si alguna vez tuve miedo como astronauta, y la respuesta es que sí. En ese momento estaba asustado. Miré a mi alrededor buscando la Astro Van, pensando que quizás podría llevarme de vuelta a los cuarteles de la tripulación y comer algo, pero el conductor era muy listo: ya había salido pitando de ahí. Miré en dirección opuesta y vi a unos tipos del Grupo Especial de Operaciones con unas armas enormes. Estamos hablando de que sólo habían pasado seis meses desde los ataques del 11-S sobre el World Trade Center y el Pentágono, y había unas medidas extra de seguridad. Sin embargo, cuando me fijé en los tipos del Grupo Especial de Operaciones, parecía como si estuviesen apuntando sus armas en mi dirección. No estaban buscando a terroristas, sino que estaban ahí para asegurarse de que me subiera al transbordador, como se suponía que tenía que hacer. No había forma de que me escapara.

Una vez que estuve dentro del transbordador espacial, estuve bien. Estaba bien entrenado. Sabía lo que tenía que hacer. Tenía confianza en la nave espacial y en el equipo de gente comprometida que nos estaba apoyando. Se inició la cuenta atrás y todo volvió a estar bien.

A lo largo los veinte años que han pasado desde ese lanzamiento, he pensado frecuentemente en esa mañana. Cómo mi mente me puso nervioso y cómo pude contener y volver a poner bajo control mis sentimientos de huir. Aprendí que pensar en algo siempre es peor que hacerlo. También he aprendido que estar asustado no te ayudará mientras estés ejecutando tu plan. Nuestra mente puede hacer que nos preocupemos por todo tipo de cosas, pero una vez que estemos enfrentándonos a esa tarea amedrentadora, las cosas nunca son tan malas como imaginábamos, y la forma de enfrentarse a esas ansiedades y vencerlas es mediante el mantra que usé, que llamé las tres confianzas: confía en tu formación, confía en tus herramientas y confía en tu equipo. Si mantienes ese pensamiento bien presente en tu mente, podrás hacer cualquier cosa.

Lo primero que debemos recordar sobre la vida es que no se trata de la película *La jungla de cristal* y sus secuelas. Rara vez nos vemos inmersos en situaciones extremas para las que estemos completamente desprevenidos. Cuando se presenta una oportunidad suele ser porque nos la hemos ganado. Hemos sido bien formados para ella. El problema es que no confiamos en nuestra propia formación, que es precisamente lo que me sucedió.

Cuando llegó el momento del lanzamiento de la misión STS-109, había pasado por mi formación como candidato a astronauta y mi formación específica en vuelos. Era astronauta desde hacía seis años, pero pese a ello no me sentía preparado. Me preocupaba fastidiarlo todo, y tanto era así que mis propias dudas eran fácilmente perceptibles por la gente que estaba a mi alrededor. Una tarde, algunas semanas antes del lanzamiento, estaba saliendo de la sala de control del LFN con Jim Newman, mi compañero de paseos espaciales. Nos detuvo Mike Weiss, uno de los encargados de mantenimiento más experimentados del Hubble.

—Chicos –dijo–, ésta va a ser una misión compleja, pero simplemente quiero que sepáis, en nombre del equipo del Hubble, que tenemos la más absoluta confianza en vuestro mantenimiento y mejora del telescopio.

Entonces Mike añadió algo que creo que estaba destinado más a mí que a Jim:

—Incluso aunque tengáis dudas sobre si estáis preparados –dijo–, lo estáis.

—Pero sólo soy un novato –dije–. ¿Cómo puedo estar seguro de ello?

—Massimino –contestó, poniéndose un poco más serio–. No eres un novato. Todavía no has estado en el espacio, pero has superado cada prueba, has trabajado duro y lo has hecho bien en tu formación. Ninguno de nosotros te considera un novato. Estás tan cualificado para trabajar en el Hubble como el resto de tu equipo.

Algunas semanas después, la noche antes de que iniciáramos la cuarentena, recibí una visita en casa de Steve Smith, mi amigo y mentor, además de veterano caminante espacial en el Hubble. Steve vivía cerca y dijo que quería pasarse para ver qué tal me estaba yendo. Al igual que Mike Weiss, Steve probablemente notó que estaba dudando de mí mismo y cuestionándome. Puede que Steve también se hubiera sentido igual antes de su primera misión, y me proporcionó un buen recordatorio: «Si no estuvieras preparado –dijo– no te hubieran permitido ir. La NASA no forma a su gente para que fracase». También añadió una segunda cosa que recordar: «Un vuelo espacial es un examen en el que te permiten disponer de los libros». Creo que eso también se aplica a muchas cosas de las que hacemos en la vida en nuestro puesto de trabajo. La mayor parte de ello es un examen en el que te permiten tener los libros. Si no estamos seguros sobre algo, siempre podemos preguntar o tomarnos un momento para consultarlo. No se esperaba de mí que lo recordara todo de mi formación, y siempre podía preguntar para que me aclararan algo durante la misión si era necesario.

Por supuesto, Mike y Steve tenían razón. Simplemente tenía que creer que tenían razón. La NASA no me enviaba al espacio mientras cruzaba los dedos, esperando que no lo fastidiara todo. Ellos eran los expertos en la formación de astronautas, por lo que el hecho de que dijeran que estaba preparado para la misión era la prueba que necesitaba. En muchos aspectos, la parte difícil de la misión ya había superado esa fase. Ya habíamos terminado con todas las prácticas y la resolución de problemas y el solucionar cosas. Ahora todo lo que teníamos que hacer era ponerlo en práctica. Había llegado el momento del partido, y yo estaba preparado. Había trabajado duro durante mi formación y esto me había preparado para el éxito. Ahora, todo lo que tenía que hacer era relajarme, confiar en esa formación, hacerlo bien y disfrutar del éxito que nos estaba esperando a mí y a mi equipo.

Por supuesto, mis dudas no desaparecieron por completo. Permanecieron conmigo durante todo el tiempo hasta que llegué a la plataforma de lanzamiento, pero siempre que aparecían mis dudas disponía de una respuesta lista para silenciarlas. Si tienes una tarea en la escuela o en el trabajo o te surge una oportunidad que supondrá un cierto reto y hace que dudes de tu idoneidad, recuerda confiar en tu formación. Tanto si se trata de una formación formal que recibiste en un aula como de una experiencia práctica que recibiste en el trabajo o en tu vida personal, recuerda que esas experiencias y esa educación te prepararon para la oportunidad que tienes frente a ti. No te escogieron por sorteo. Has trabajado duro y te has ganado la oportunidad. Confía en tu formación y sigue adelante con confianza.

Naturalmente, siendo astronauta, no sólo dependía de mi inteligencia y mis habilidades. Tanto si estaba practicando paseos espaciales bajo el agua en el LFN como si estaba siendo lanzado al espacio a bordo del transbordador espacial, dependía de un amplio surtido de herramientas y maquinaria para que me mantuviera a salvo y me ayudara a triunfar, y aquí es donde entra en juego la parte de confiar en tus herramientas.

Mi primera lección en cuanto a confiar en mis herramientas llegó al volar en el T-38. Siempre que estaba ahí, con mis correas puestas, estaba poniendo mi vida en las manos de esta aeronave y sus herramientas asociadas, como mi paracaídas y el radar del controlador del tráfico aéreo. Los experimentados pilotos de la Oficina de Astronautas llamaban a nuestra flota de T-38 «la flota de aviones mejor mantenida del mundo». Basándose en el registro de seguridad eso era indudablemente cierto. Nuestros T-38 se sometían a un mantenimiento regular y se examinaban después de cada vuelo. Se quedaban en tierra, incluso por el más leve problema, hasta que dicho problema se hubiera solucionado. Los pilotos informaban sobre el estado del avión tras cada vuelo, y tras el regreso a nuestra base en Ellington Field, nuestro equipo de tierra se aseguraba de que la aeronave estuviera lista para volar en su siguiente salida antes de darle el visto bueno para hacerlo. Mi equipo personal, como el arnés de mi paracaídas, mi casco y mi mascarilla de oxígeno pasaban por inspecciones y un mantenimiento regulares. De ninguna forma podría ponerme mis correas y operar con confianza en el avión sin tener una confianza total y completa en estos hechos.

Las mismas medidas rigurosas de seguridad se aplicaban al transbordador espacial. Lanzarse al espacio requería confiar en una de las piezas de tecnología más poderosa y técnicamente compleja desarrollada por la humanidad. Todos los distintos elementos (desde los motores principales hasta los tanques de combustible, los propulsores de combustible sólido del cohete y el sistema de guiado) debían funcionar a la perfección para hacernos entrar en órbita. Parte de lo que me ayudó a superar mis miedos y a embarcarme en ese primer vuelo fue que había desarrollado una gran confianza en esa máquina. Antes de volar visitamos el Centro Espacial Kennedy regularmente precisamente por esa razón: mejorar nuestra confianza y familiaridad con la nave espacial. En una de estas visitas algunos de mis compañeros de tripulación y yo examinamos un transbordador espacial mientras lo estaban preparando en el Edificio de Ensamblaje de Vehículos. Estábamos caminando por las pasarelas, observando los distintos componentes, cuando me di cuenta de que un técnico estaba aplicando resina epoxi con un pincel fino a una junta de uno de los motores de combustible sólido del cohete. El técnico estaba dedicando muchísimo cuidado y concentración en cada pincelada. Observé durante algunos momentos y admiré toda la atención prestada a los detalles dedicada a hacer que cada componente recibiera la atención necesaria para que tuviera un desempeño perfecto el día del lanzamiento. Ver a ese técnico me proporcionó confianza en que nuestro cohete espacial nos llevaría a mí y a mi tripulación a nuestro destino de forma segura.

Cada día en esta vida, desde los cohetes espaciales hasta las calculadoras, todos dependemos de nuestras herramientas para que nos ayuden a tener éxito. Nuestro bienestar y nuestro éxito dependen completamente de aparatos que nosotros mismos somos incapaces de reparar o mantener por nuestra cuenta.

Debemos tener la confianza en que esas cosas no nos fallarán cuando más las necesitemos. Por lo tanto, sé amable con tus herramientas, mantenlas en buen estado y arréglalas cuando se estropeen. Si estás preocupado por llevar a cabo una tarea crucial, recuerda que la tecnología y el instrumental en los que confías para hacer tu trabajo y tener éxito están ahí para ti. Debes confiar en ellos.

En último término, tu capacidad de confiar en tu formación y confiar en tus herramientas depende por entero de la tercera, que es la confianza más importante: debes confiar en tu equipo. Confiar en tu formación consiste, en realidad, en confiar en el buen juicio de la gente que te ha formado. No te ascenderían ni te recomendarían para grandes tareas si no confiaran en ti. Por lo tanto, si creen en ti, tú debes creer en ti mismo.

Confiar en tus herramientas significa confiar en los ingenieros y los técnicos que construyen, revisan y mantienen esas herramientas. Significa confiar en los expertos, porque no podemos saberlo todo, y necesitamos ayuda para abrirnos camino por las tareas complejas. Debes tener fe en la gente que te preparó para tu viaje y que te apoyará a lo largo del camino. Debes saber que estarán ahí a tu lado y que, cuando sea necesario, tú estarás a su lado. Ese equipo incluye a nuestra familia y amigos, además de a la gente con la que trabajamos.

Todo ello nos lleva a preguntarnos: ¿cómo se desarrolla confianza?

La confianza no aparece sin más. Debe ganarse y debe ser mutua, y la clave para desarrollarla es mediante las relaciones personales. Desarrollas confianza conociendo a la gente, permitiendo que sepa quién eres. Mediante esos encuentros y relaciones desarrollas la confianza mutua que mantiene unido a cualquier buen equipo.

La primera cosa que recordar al desarrollar estas relaciones personales es que ir al espacio es un esfuerzo en el que toda persona disponible ayuda. Cada tarea y cada responsabilidad permite que suceda. Un ejemplo perfecto de esto era Vernon. Vernon y su equipo eran responsables de mantener nuestro vestuario en el LFN en buen estado. Si necesitábamos cualquier cosa en el LFN, Vernon era la persona a la que acudir. La preparación para nuestros paseos espaciales requería de un enorme esfuerzo de equipo, y ese vestuario siempre estaba muy ajetreado. Los submarinistas iban y venían con sus trajes de neopreno chorreando. Los astronautas se movían con pesadez embutidos en su pesada vestimenta. Había agua por doquier. La posibilidad de que alguien resbalara y se rompiera el cuello era elevada, pero no con Vernon y su equipo ahí. Cada mañana iba al vestuario para prepararme para mi entrenamiento y veía a Vernon, frecuentemente con una enorme escoba de goma para secar superficies supervisando cómo su equipo iba apartando el agua del camino para que los suelos se mantuvieran secos.

—¿Qué tal te encuentras esta mañana, Vernon? –le preguntaba.

—Simplemente haciéndolo lo mejor posible para que vayáis al espacio –decía él.

Ésa era la actitud en la NASA. Independientemente de cuál fuera la descripción técnica de tu trabajo, formabas parte de ese equipo que llevaba a gente al espacio, y todos los miembros del equipo eran fundamentales para el éxito de la misión.

Vernon y aquellos que trabajaban con él me hicieron sentir con la confianza de que estábamos en buenas manos. Mantener el vestuario en perfecto estado era tan importante como que el centro de control de la misión nos mantuviese a salvo en órbita.

Como novato, mis experiencias en el LFN me enseñaron no sólo a ser un caminante espacial eficiente, sino también la importancia de forjar relaciones con miembros de todo el equipo, desde Houston hasta Cabo Cañaveral. Allá abajo, en el Cabo, antes de cada uno de mis lanzamientos espaciales, mis compañeros de tripulación y yo siempre nos pasábamos a ver al Equipo de Seguridad del Campo. El Equipo de Seguridad del Campo tenía una responsabilidad tremendamente difícil. Su tarea era hacernos explotar. Si un transbordador espacial o un cohete se lanzaba y empezaba a salirse de su rumbo hacia una zona habitada, como la costa de Florida, debían presionar el botón que vaporizaría la nave espacial antes de provocar miles de víctimas en tierra.

Esa decisión ya sería lo suficientemente difícil en el caso del lanzamiento de un satélite no tripulado; pero si se trataba de un transbordador espacial con siete astronautas vivos a bordo, sería casi imposible. Por lo tanto, siempre pasábamos a verlos, para así asegurarnos de que supieran que los apreciábamos y que les agradecíamos la difícil tarea a la que quizás tuvieran que enfrentarse algún día. Nos aseguramos de saber quiénes eran, mostrándoles fotografías de nuestras familias. Era nuestra forma de decirles: «Oye, no vayáis tan rápidos con el botón rojo. Recordad que hay personas dentro de esa nave». Conocerlos nos proporcionó la confianza de que tomarían buenas decisiones durante nuestro lanzamiento, de que estábamos en buenas manos y de que podíamos confiar en ellos en el día de nuestro lanzamiento.

Parte del trabajo de un astronauta consiste en dar charlas en empresas de contratistas, dar apretones de manos, hacerse fotos y firmar autógrafos. La confianza en una responsabilidad compartida. Hablábamos con estos trabajadores comprometidos para hacerles saber lo importantes que eran para nosotros y cuánto contábamos con ellos. Era de esperar que eso los inspirara para asegurarse de que nuestra misión fuera lo más segura y fiable posible, y que supieran que podían confiar en nosotros para que hiciéramos un buen trabajo con sus herramientas; pero conocer a estos miembros comprometidos del equipo también hacía crecer la confianza de los astronautas en ellos y nos proporcionaba la confianza suficiente para avanzar en nuestras misiones. Esas visitas condujeron a las relaciones personales que generaron los lazos de confianza mutua que mantuvieron la unidad de toda la operación. Sin estas relaciones y la confianza que se desarrolló a través de ellas, ninguna cantidad de ingeniería ni de ingenio científico podría poner a un humano en órbita, ya que la misión siempre fracasaría.

Lamentablemente, incluso con ese nivel de trabajo duro, dedicación y confianza, a veces las cosas se desbarataban. Un vuelo espacial es inherentemente peligroso. Se cometen errores. Las herramientas fallan. Incluso cuando pensamos que hemos tomado todas las precauciones, sigue habiendo puntos ciegos y la tragedia puede golpear desde cualquier lugar, y esto es exactamente lo que sucedió el 1 de febrero de 2003, cuando el transbordador espacial Columbia se desintegró en su reentrada a la atmósfera, matando a siete de mis amigos y colegas. Fue el peor día de mi vida. Puso a prueba la confianza que tenía en el programa.

La primera reacción de la Oficina de Astronautas fue cuidar de las familias de nuestros amigos caídos en acto de servicio. Necesitaban nuestra ayuda. Asistimos a homenajes en recuerdo de la tripulación e intentamos ofrecer todo el consuelo que pudimos a los cónyuges, hijos, padres, hermanos y amigos que habían sufrido esa pérdida; pero al cabo de algunos días se empezó a discutir otro problema. ¿Qué pasaba con nuestro programa espacial? Todos los vuelos del transbordador espacial se habían suspendido indefinidamente y estaban pendientes de investigaciones. No sabíamos si podríamos volver a volar. La pérdida de una astronave y de siete vidas había sido devastadora. La pérdida de todo el programa espacial no era aceptable, y tampoco lo era el legado que ellos hubieran deseado.

El accidente del Columbia mostró que incluso cuando confías en tu formación, confías en tus herramientas y confías en tu equipo, los accidentes pueden suceder y suceden; pero debido a las relaciones de confianza que llevábamos tantos años cultivando, el accidente sirvió para fortalecer al equipo y el programa espacial en lugar de despedazarlo. Para restaurar la confianza en el programa no sólo para los astronautas sino también para todo el país, no se hizo ningún esfuerzo por ocultar ningún secreto o desviar las culpas hacia otro lugar. Los equipos de la Dirección del Transbordador Espacial y del Centro de Control de la Misión acudieron a nuestras reuniones semanales de la Oficina de Astronautas y nos proporcionaron una visión totalmente transparente de lo que había sucedido. Respondieron a todas las preguntas. Dejaron claro que una investigación completa determinaría la causa del accidente, y que nunca hubo ninguna duda de que trabajaríamos todos juntos para asegurarnos de que esa situación no volviera a producirse. Esto fue necesario para restaurar la confianza en todo el programa espacial.

Se asignó a la Junta de Investigación del Accidente del Columbia (JIAC) la tarea de determinar qué había provocado el accidente y qué debía suceder para allanar el camino para que el programa espacial prosiguiese (si es que podía continuar). Hacia julio emitieron su informe, que determinó que, durante el lanzamiento, una pieza de espuma aislante del tamaño de una maleta se desprendió del depósito externo y golpeó el borde delantero del ala izquierda del Columbia, que estaba diseñada para soportar las altas temperaturas de la reentrada, pero no para resistir el volar a través de un campo de residuos.

El depósito o tanque externo del transbordador espacial estaba construido como un termo gigante. La capa externa de aislamiento estaba ahí para mantener el combustible criogénico a una temperatura cercana a los -185 °C, pero la espuma no siempre se adhería al metal del tanque muy bien. Piezas de ella se habían desprendido durante lanzamientos anteriores del transbordador espacial, pero como la espuma apenas pesaba y no había provocado daños en el pasado, se pensó que era inofensiva. Cuando al principio se sugirió que la espuma podría haber dañado el sistema de protección térmica del ala, todos pensamos que era prácticamente imposible. ¿Cómo podría un trozo de espuma acabar con todo un transbordador espacial?

Pues bien, la investigación nos explicó cómo. El análisis del impacto de la espuma mostró que justo antes de que esa pieza de espuma se desprendiera del tanque externo, la velocidad del transbordador espacial junto con sus depósitos era de unos setecientos metros por segundo. La espuma impactó contra el ala aproximadamente 0,161 segundos después de separarse del tanque externo. Durante esos 0,161 segundos, la velocidad de la espuma se redujo de setecientos metros por segundo a unos cuatrocientos sesenta metros por segundo como resultado del bajo coeficiente balístico de la espuma de baja densidad. Lo que esto significaba era que el transbordador espacial impactó contra la espuma, que estaba en caída libre, a una velocidad de aproximadamente doscientos cuarenta y cinco metros por segundo, o casi ochocientos ochenta kilómetros por hora. Golpear algo a esa enorme velocidad, incluso aunque se trate de espuma, provocará un problema, especialmente sobre el frágil borde delantero del ala de un transbordador espacial.

La JIAC identificó tres categorías distintas de factores causativos: (1) fallos físicos que condujeron a la pérdida del Columbia; (2) debilidades de organización y culturales; y (3) otras observaciones significativas que consistían en veintinueve recomendaciones distintas proporcionadas a la NASA. Tuvieron que darse un rediseño del tanque externo, unas mejores imágenes durante el lanzamiento, una mejor capacidad de inspección y reparación en órbita y, a la larga, una eliminación gradual del propio Programa del Transbordador Espacial.

En cuanto a los problemas con la cultura y organizativos de la NASA, la JIAC llegó a la conclusión de que «las prácticas de gestión que supervisaban el Programa del Transbordador Espacial fueron tan responsables del accidente como la espuma que golpeó el ala izquierda». Escuchar eso fue duro. Pese a que pensábamos que nuestras prácticas de seguridad y comunicación eran buenas, todavía tenían que mejorar.

Ninguna relación es perfecta, pero la prueba para cualquier relación es cómo gestiona sus imperfecciones. Desde ese día en adelante, nos dispusimos a mejorar nuestras operaciones. Empoderamos y animamos a los trabajadores a cada nivel a identificar preocupaciones relativas a la seguridad. Empezamos a compartir las mejores prácticas con las Fuerzas Armadas y otros sectores de alto riesgo. La organización de la dirección del Programa del Transbordador Espacial puso un mayor énfasis en la ingeniería de sistemas y la integración, con un papel aumentado para la seguridad y la solidez de la misión. Todos estos cambios nos permitieron volver a hacer volar el transbordador espacial, con la confianza de que ahora éramos más fuertes como equipo que nunca. Llevó dos años y medio volver a volar de forma regular tras el accidente del Columbia: dos años y medio para restaurar la confianza que era necesaria para volver a hacer volar, con confianza, a los transbordadores espaciales, pero funcionó. Fuimos capaces de desarrollar el resto del Programa del Transbordador Espacial con éxito, completando el ensamblaje de la Estación Espacial Internacional y efectuando operaciones de mantenimiento del telescopio espacial Hubble una última vez.

Mientras echo la vista atrás hacia mi trayectoria profesional como astronauta, los momentos cumbre son, ciertamente, mis paseos espaciales y el tiempo pasado entrenando con mis compañeros de tripulación. Sin embargo, otro momento estelar es la forma en cómo aunamos esfuerzos como equipo para recuperarnos del accidente del Columbia, cómo restablecimos nuestra confianza en el programa y cómo dimos con una forma de seguir volando. Creo que son los momentos duros, como una tragedia o una pandemia, los que muestran lo bueno que es nuestro equipo. Averiguamos quiénes somos en esos momentos, y no en las épocas fáciles. Nunca querría volver a pasar por un accidente en un vuelo espacial, y ninguno de nosotros querría volver a pasar por otra pandemia, pero creo que podemos echar la vista atrás con orgullo con respecto a cómo nuestros equipos abordaron este y otros períodos difíciles para restaurar la confianza y tener éxito una vez más.

Por último, y tal como demuestra la tragedia del Columbia, la confianza no implica una aceptación total. No significa asumir, ciegamente, que se está teniendo todo bajo control. Durante mi época en la escuela de posgrado, me presentaron a Don Bourque, una de las leyendas de la NASA. Don era una persona mayor. Había trabajado en el Centro Espacial Johnson desde el inicio del programa y era el tipo que siempre había estado preparado con una palabra alentadora durante mis muchos intentos fallidos por entrar en la Oficina de Astronautas. Cuando, por fin, llegué a Houston como astronauta, me tropecé con él en un evento social y le pregunté si tenía algún consejo que ofrecerme. Pensó un momento y entonces dijo:

—Mike, recuerda siempre que se trata de tu trasero.

—¿Perdón? –pregunté.

—Es tu trasero –dijo–. Puede que sea el trabajo de otra persona asegurarse de que las cosas funcionen, pero es tu trasero el que va en ese cohete espacial.

Todos conocemos el viejo dicho: «Confía, pero comprueba»; y eso es verdaderamente cierto, pero la palabra «comprobar» o «verificar», implica, para mí, una sospecha, una preocupación porque la otra persona la haya fastidiado o simplemente no esté a la altura. Una forma menos malintencionada de decir lo mismo sería: «Confía, pero haz un seguimiento y comunícate». Cuando es tu trabajo, tu reputación o tu vida los que pueden verse afectados, tienes todo el derecho a hacer preguntas, hacer comprobaciones dobles y hacer seguimientos tantas veces como necesites para sentirte seguro. En cualquier situación de alto riesgo, como ponerte las correas al subirte a un cohete, preparar una sesión informativa para un cliente o asegurarte de que tu coche funcione correctamente, otras personas te deben un nivel muy elevado de transparencia. Tus compañeros de equipo deberían estar siempre preparados para explicar con todo lujo de detalles lo que están haciendo y por qué, y no deberían interpretar tus preguntas como una señal de que dudes de ellos o que pongas su trabajo en entredicho, lo que supone precisamente la razón por la cual debes dedicar tanto trabajo a desarrollar una buena relación con ellos antes de que pueda surgir cualquier problema.

Esto fue especialmente cierto cuando se trataba del equipamiento personal cuando volábamos en nuestros aviones. Sabíamos que teníamos los aviones mejor mantenidos del mundo, pero al igual que con el Columbia y esos trozos de espuma suelta, también sabíamos que algo podía pasarse por alto. Antes de cada vuelo volvíamos a comprobar todo lo que el equipo de tierra ya había revisado. Hacíamos una inspección completa de la aeronave, nos asegurábamos de que nuestros paracaídas y asientos eyectables estaban en buen estado, comprobábamos todos los puntos críticos que pudieran afectar a la seguridad de ese vuelo y revisábamos cualquier pregunta que tuviéramos con el jefe del equipo. Se comprendía que todos esos tipos de medidas de respaldo no implicaban una falta de confianza entre los pilotos y el equipo de tierra. Suponían, simplemente, una medida extra de precaución, comunicación y transparencia para asegurarse de que todo estuviera funcionando correctamente. Esto era una parte del desarrollo de confianza, no de intentar socavarla.

Lo mismo se aplicaba en órbita. En el espacio éramos responsables de la seguridad los unos de los otros. Cada caminante espacial dependía de sus compañeros de tripulación para asegurarse de meterse de forma segura en sus trajes espaciales, que cada presilla y cierre estuviera en la posición adecuada, que las correas de seguridad estuvieran posicionadas correctamente y que todas las herramientas estuvieran donde debían estar. Siempre reclutábamos un par de ojos extra, incluso aunque fueran los de un miembro del equipo que no estuviera familiarizado con la vestimenta, simplemente para que nos cubriera las espaldas y verificara lo que pensábamos que estábamos viendo. Y una vez más, al igual que con nuestros T-38, e incluso con todo eso, era responsabilidad del caminante espacial metido en este traje llevar a cabo una comprobación extra para verificar que todo estaba bien; al igual que es responsabilidad tuya asegurarte de que las personas con las que cuentas para tu éxito son capaces de realizar su trabajo con éxito: confía, pero haz un seguimiento y comunícate.

El seguir las tres confianzas me proporcionó el valor para avanzar en situaciones amedrentadoras que me ponían nervioso; pero hay una diferencia entre estar asustado y estar nervioso. Estar asustado normalmente no nos ayuda a tener un buen desempeño: puede afectar a nuestra capacidad para pensar cuando necesitamos ejecutar nuestro plan. Sin embargo, a lo largo de los años he descubierto que estar nervioso al prepararse para un evento suele ser algo bueno, porque muestra que te importa lo que estás haciendo. Si la tarea que tienes frente a ti no te pone nervioso, entonces puede que no te importe mucho. Creo que ésa no es una buena señal. Estar nerviosos puede motivarnos para prepararnos, lo que puede hacer crecer nuestra confianza. Por lo tanto, si estás nervioso por un evento inminente, tómatelo como una buena señal y úsalo para que te ayude a prepararte, sabiendo que estás haciendo algo que es importante para ti, y recuerda:

- Estar nervioso está bien: muestra que algo te importa. Recuérdate que estás bien formado y preparado para este reto y que no ocuparías este puesto si no se supusiese que debías ocuparlo.
- Aprovecha esa energía nerviosa. Úsala para motivarte. Empieza a prepararte, revisa tus herramientas, repasa tus planes y haz comprobaciones con tu equipo.

- Recuérdate que dispones de la tecnología, el equipamiento y las herramientas adecuadas para apoyarte en lo que vas a hacer.
- Recuérdate que dispones de un equipo de colegas, familiares y amigos que te respaldan. Te han ayudado a estar preparado para este momento y estarán ahí si te encuentras con dificultades.
- Confía en la gente que está ayudando, pero recuerda que eres tú, en último término, el responsable de que la tarea se lleve a cabo correctamente, así que asegúrate de que sea así.
- Cuando suceda lo impensable, asegúrate de que se lleve a cabo una investigación exhaustiva y honesta para restablecer la confianza y la capacidad de avanzar.
- Una vez que llegue el momento de actuar, relájate. Estar asustado en ese momento no será de ayuda. Concéntrate en ejecutar el plan y en disfrutar del evento.
- Puede que lo más importante sea que CONFÍES EN TI MISMO. Ten la confianza de que superarás el reto con éxito.

Recuerda siempre las tres confianzas: confía en tu formación, confía en tus herramientas y confía en tu equipo, y no olvides la cuarta confianza: confía en ti mismo. Recuerda también que puede que se trate del trabajo de otra persona, pero es tu vida, así que haz un seguimiento, comunícate, haz saber a la gente que es apreciada y haz todo lo que necesites para desarrollar la confianza que puede que un día salve tu empleo o tu vida y te ayude a hacer realidad tu aspiración a lo más alto.

SIEMPRE PUEDES HACERLO PEOR

VE MÁS DESPACIO
Y HAZ QUE ALGUIEN ESTÉ PENDIENTE DE TI

Cuando me asignaron ser el primer novato en pasear por el espacio en el telescopio espacial Hubble, John Grunsfeld, Rick Linnehan y Jim Newman, los otros tres caminantes espaciales de mi tripulación, eran veteranos experimentados. Tenían a sus espaldas ocho vuelos espaciales y seis paseos por el espacio entre los tres. Yo no tenía nada de eso. Me sentí por detrás de ellos desde el principio, y estaba poco menos que intimidado. Al igual que muchos novatos antes que yo, sentí como si tuviera que sobrecompensar mi falta de experiencia mostrándole a todos lo bueno que podía ser. Al igual que muchos novatos antes que yo, pronto me daría cuenta de que esto fue un error terrible.

Durante una de nuestras primeras sesiones de entrenamiento en el LFN, quería causar una buena impresión con mi capacidad de desplazarme por el transbordador espacial y los pasamanos del telescopio con mi voluminoso traje espacial mientras usaba mis manos para conseguir movilidad, pero al intentar mostrar mi velocidad y eficiencia estaba yendo de un lado a otro con demasiada rapidez. Fue entonces cuando me di cuenta de que mi cable de seguridad había quedado enredado entre mis piernas. El cable de seguridad es lo que asegura que cada caminante espacial esté continuamente conectado al transbordador espacial o a la Estación Espacial Internacional, de modo que no acabes flotando a la deriva hacia el Sol ni te conviertas en un satélite permanente alrededor de la Tierra. El cable está hecho de alambre de titanio. En un extremo se encuentra el carrete del cable de seguridad, que tiene la forma de un cacahuete grande y está unido al astronauta mediante un gancho que se cierra sobre una anilla de anclaje metálica situada sobre el traje espacial cerca de la cintura. En el otro extremo hay un gancho cerrado y asegurado al brazo robótico (en el caso del caminante espacial que esté trabajando desde la plataforma sobre el brazo robótico) o al equipamiento para deslizarse por el borde del transbordador espacial (para el caminante espacial que flota libremente y que se mueve de un lado al otro usando las manos para desplazarse alrededor del transbordador espacial y el telescopio). Si un astronauta se separa de la estructura y empieza a flotar alejándose, el carrete se retrae y tira del astronauta para ponerle a salvo.

Tu cable de seguridad puede salvarte la vida, pero también puede suponer un peligro. Si no tienes conciencia de dónde está, puedes enredarte fácilmente en él. Mi colega Joe Tanner llama a esta conciencia «conciencia total del cable de seguridad». Entrenando en el LFN ese día, el hecho de que permitiera que el cable de seguridad se deslizara entre mis piernas fue un resultado directo de mi falta de conciencia total del cable de seguridad. Ya para empezar, nunca debía haber permitido que llegara hasta ahí.

Llegados a ese punto, la situación no era demasiado mala. Simplemente tenía que desenmarañarlo y volver a mi trabajo. Sin embargo, dada mi inseguridad de novato, no quería que nadie notara mi error. No pedí ayuda. Pensé que podría desenredarlo rápidamente antes de que alguien se diera cuenta. Una jugada estúpida, Massimino. Mientras intentaba pasar mis piernas al otro lado del cable poniéndome de lado, el cable se enredó en las luces de mi casco. Entonces intenté desembrollarlo de nuevo, esta vez girando mi traje espacial, lo que provocó que el cable de seguridad diera una vuelta por la parte posterior de mi cuello y rodeara mi casco. Luego, al intentar desenmarañarlo de mi casco, se enredó alrededor de la miniestación de trabajo y las herramientas que llevaba en el pecho. Ahora estaba yendo por mis piernas, ascendía por mi espalda, iba por encima de mi cabeza, alrededor de mi casco, me rodeaba el cuello, bajaba por mi pecho y rodeaba mis herramientas.

Estaba totalmente enredado y no podía hacer nada. Me sentía como si estuviera en el fondo del océano peleándome con un calamar gigante, un monstruo marino que había creado yo mismo.

Por supuesto, sucedió lo que más temía: todos pudieron ver mi error. Perdí de vista mi cable de seguridad y di lugar a lo que podría haber sido un récord mundial de enredo de cable de seguridad por parte de un astronauta caminador espacial. Si hubiera parado a la primera señal de problemas, me hubiera tomado un minuto, hubiera pedido ayuda a mi compañero caminante espacial o, por lo menos, hubiera dispuesto de los ojos de mis otros compañeros de tripulación en la sala de control informándome de lo que estaba sucediendo con mi cable de seguridad, esto habría sido sólo un problema menor, un pequeño retraso sin ningún efecto sobre toda la sesión de entrenamiento. Sin embargo, intenté correr y solucionar el problema potencial antes de que alguien se diese cuenta, lo que supuso, en primer lugar, una idea absurda y propia de un novato. Había cámaras en la piscina conectadas a una docena de monitores que estaban siendo vistos por unas veinte personas en la sala de control, todas las cuales me estaban observando cada segundo mientras acababa pareciéndome al Coyote después de otro intento fallido por cazar al Correcaminos.

Enmarañado en una especie de telaraña, totalmente derrotado y más que avergonzado, acabé por dejar de hacer lo que estaba haciendo. «Puede que el edificio sea golpeado por un rayo y que la atención de todos se dirija a otra parte», pensé; pero no tuve tanta suerte. Nuestros instructores hablaron por el circuito cerrado de comunicación desde la sala de control y preguntaron si estaba bien y si necesitaba ayuda. Entonces, Jim Newman, mi compañero caminante espacial se acercó para ver qué tal estaba todo. Me echo un vistazo rápido y se quedó impresionado por lo que había sido capaz de conseguir. Si hubiera intentado enredarme a propósito, probablemente no podría haberlo hecho mejor. Lo que es incluso peor es que, como parte del enredo estaba alrededor de mi mochila y por encima de mi cabeza, no había forma de que pudiera desenmarañarlo por mi cuenta. Por lo tanto, Jim movió el cable de seguridad alrededor de mi traje espacial, me hizo girar, me inclinó, desembrolló todos los enredos y me liberó de mi tela de araña. Entonces pudimos continuar con la sesión de entrenamiento.

En la batalla de Mike contra el cable de seguridad, éste había vencido claramente, y me pasé el resto del ejercicio queriendo morirme. Una vez que salimos del agua, Jim me llevó a un lado y me preguntó cómo el enredo se había vuelto tan desastroso. Era uno de los peores que había visto. Le dije que empezó no siendo gran cosa, pero que entonces quise correr, no pedí ayuda y cada vez fue a peor hasta que quedé totalmente atrapado. Jim asintió y me dijo:

—Mike, debes recordar la ley de Hoot.

—¿Qué es la ley de Hoot? –pregunté.

—Es algo que *Hoot* Gibson solía decir durante su época como astronauta: «No importa lo malas que puedan parecer las cosas: siempre puedes hacer que se vuelvan peores».

—¡Vaya! –dije–. *Hoot* Gibson era un astronauta sabio.

—Lo era –dijo Jim–. Había algo más que Hoot solía decir que puede que también encuentres de utilidad: «Nada es, frecuentemente, algo bueno que hacer y siempre es algo bueno que decir».

La ley de Hoot era un buen consejo. Cuando se produjo mi primer enredo, no suponía un problema tan grande, pero con mis ganas de correr y mi pánico, hice que empeorara. Hubiera sido mejor ir más despacio, tomarse un minuto y valorar la situación antes de actuar. En otras palabras, habría sido mejor no hacer nada hasta que hubiera averiguado qué había pasado antes de precipitarme a actuar. También podría haberle pedido a Jim o al equipo de la sala de control que me ayudaran a ver dónde había quedado enganchado mi cable de seguridad, ya que a mí me resultaba difícil hacerlo por mi cuenta. La ley de Hoot fue una de las lecciones más importantes que haya aprendido nunca.

Robert *Hoot* Gibson fue un aviador naval y piloto de pruebas que había sido seleccionado como astronauta en 1978. Sus habilidades de vuelo y sus cualidades de liderazgo eran legendarias. Le gustaba a todo el mundo. Durante mi primera entrevista con la Junta de Selección en 1994, seguía formando parte del personal, trabajando como jefe de la Oficina de Astronautas. Durante mi entrevista, no estaba sentado lejos de mí y sonrió durante todo el tiempo. Nunca olvidaré eso. En un momento en el que yo estaba nervioso, me ofreció esa maravillosa sonrisa que parecía decir: «No pasa nada, amigo. Lo estás haciendo genial». Fue un enorme consuelo para mí en un momento muy estresante.

Hoot abandonó la NASA en noviembre de 1996, poco después de que mis compañeros de clase y yo apareciéramos, pero sus mantras y sus consejos siguieron siendo transmitidos de generación en generación. Una de las personas que se aseguró de que esas lecciones fueran transmitidas fue Charlie Bolden. En su larga y legendaria trayectoria profesional, Charlie Bolden había prestado servicio como aviador naval, piloto de pruebas, astronauta de la NASA, general del Cuerpo de Marines de EE. UU. y director de la NASA desde 2009 hasta 2017. Incluso con el talento necesario para acumular ese nivel de experiencia, Charlie Bolden sufrió su propia lección embarazosa al aprender la ley de Hoot. En su primer vuelo espacial, en enero de 1986, a Charlie se le asignó la tarea de ser el piloto del transbordador espacial Columbia. Hoot era su comandante. Durante una de sus primeras sesiones de entrenamiento, estaba haciendo una simulación del lanzamiento del transbordador espacial junto con el resto de la tripulación. Charlie, que era el novato, quería mostrarles a todos lo competente que era, igual que yo había hecho con mi cable de seguridad en la piscina. Justo cuando despegaron, sonó una alarma debido a un fallo eléctrico. Charlie sacó su lista de comprobación y determinó que estaba sufriendo un fallo importante del bus o canal eléctrico que había inutilizado uno de los tres motores principales del transbordador espacial. Le dijo a Hoot cuál era el problema y que se ocuparía de él. Charlie llevó entonces a cabo los procedimientos necesarios, que requerían mover un interruptor para apagar la parte que no funcionaba del sistema eléctrico para desconectar el bus eléctrico que estaba fallando. Por lo tanto, se estiró y movió un interruptor: un interruptor que *no era el correcto*, apagando un bus eléctrico que no tocaba.

«De repente —me explicó Charlie—, todo quedó en verdadero silencio en el simulador». Ya habían perdido un motor debido al primer fallo eléctrico. Charlie había perdido ahora un segundo motor al desconectar una fuente eléctrica esencial, lo que significaba que iban a intentar llegar al espacio con sólo un motor, cosa que no es posible. A medida que la gravedad simulada superó a su transbordador espacial simulado, fueron cayendo hacia la Tierra simulada y se estrellaron en el océano simulado, sufriendo unas muertes abrasadoras simuladas. Charlie se quedó ahí sentado, todo lo avergonzado que podía estar, y es entonces cuando Hoot Gibson le miró, le puso la mano sobre el hombro izquierdo, y dijo: «Charles, ¿te he enseñado alguna vez la ley de Hoot?».

Sabiendo que había hecho que una situación negativa empeorara todavía más, Charlie empequeñeció; pero salió algo bueno de ello, y eso supuso un nuevo corolario a la ley de Hoot, una nueva política que respondía a la pregunta: «De acuerdo, ¿cómo hacemos que las cosas no empeoren?». La nueva norma consistía en que nadie emprendía una acción solo. El transbordador espacial era increíblemente complejo. Había muchos interruptores, pulsadores y botones que se parecían y muchos fallos con los que podías encontrarte potencialmente. Lo que decidieron fue poner por lo menos dos cerebros y dos pares de ojos en cada problema siempre que fuera posible, y especialmente en el caso de una emergencia. Llamaron a esto la «norma de las dos personas». Para cada problema habría una persona trabajando en el procedimiento y otra leyendo los pasos de la lista de comprobación y vigilando las espaldas de la primera persona para verificar que la acción se estaba llevando a cabo correctamente. Si había un interruptor que pulsar, la primera persona diría: «Estoy sobre este interruptor y a punto de moverlo a esta posición». Entonces, la segunda persona verificaría y verbalizaría así: «Veo que estás sobre el interruptor adecuado». Entonces, y sólo entonces, la primera persona tendría permiso para llevar a cabo la acción.

Puede que pienses que algo como la norma de las dos personas serviría para dificultar y ralentizar las tareas urgentes relacionadas con hacer volar el transbordador espacial, y estarías en lo cierto. Ralentizar las cosas, incluso durante una emergencia, es la idea central. Lo que Charlie Bolden debería haber sabido antes de pulsar el interruptor en ese simulador, y lo que yo debería haber sabido antes de intentar desenmarañar mi propio cable de seguridad en esa piscina, es que tomarte un momento y asegurarte de tus acciones antes de seguir adelante es, normalmente, una buena cosa que hacer. Otro mantra que desarrollamos en la NASA fue: «Ve lento para ir rápido» («Vísteme despacio que tengo prisa»), o a veces decíamos «Ve lento para acelerar». Es un buen corolario para el «Siempre puedes hacerlo peor».

En el transbordador espacial, casi nada exigía su ejecución inmediata. Muy pocas tareas podían forzarte a darte prisa. Durante mi entrenamiento inicial para los paseos espaciales, «Ve despacio» era una recomendación común, especialmente después de cometer un error. En lugar ser presa del pánico o movernos con tanta rapidez como para provocar un segundo error, se nos animaba a tomarnos un respiro, movernos con una intención y ser reflexivos y tener cuidado para no correr. Y haciendo eso, el problema solía solucionarse o la tarea se completaba en *menos* tiempo. Ir lento y con firmeza nos hace ganar la carrera siempre.

En la misión espacial STS-109, la advertencia «Ve lento» adquirió una nueva dimensión. Ahora era «Ve lento como Joe LoPiccolo».

Joe LoPiccolo era un amigo de mi familia durante mi infancia. Tenía formación en el campo de la calefacción y los aires acondicionados, pero podía reparar prácticamente cualquier cosa. Era algo así como una leyenda en el vecindario. La gente se sorprendía no sólo con lo que podía hacer, sino con cómo lo hacía: yendo despacio. Se fijaba en el problema, pensaba, murmuraba algo para sus adentros en italiano, y luego iniciaba su ataque lentamente. Analizaba sus acciones y hacía ajustes en caso necesario. Si sus acciones provocaban que algo se rompiera, se ralentizaba todavía más. A veces se entretenía durante horas con un problema, pareciendo no hacer nada, pero al final siempre lo solucionaba. La leyenda decía que una vez incluso arregló una máquina de coser. Cuando se mencionó eso en la mesa del comedor durante una reunión familiar, los ojos de todos se iluminaron, maravillados. Ciertamente, podías encontrar a alguien que te arreglase un marco de una puerta, te desatascase un fregadero o te reparase un coche… pero, ¡¿una máquina de coser?! ¡¿Cómo puede alguien, siquiera, empezar a dar con la solución a eso?!

Lo haces yendo despacio.

Durante el entrenamiento para la misión espacial STS-109, después de unos cuatro años diciéndome «Ve despacio», un día un instructor me lanzó el mantra «Ve despacio», y yo solté: «¿Te refieres a ir despacio como Joe LoPiccolo?». Le expliqué la historia subyacente a mi afirmación aparentemente arbitraria, todos nos echamos unas buenas risas y a partir de ahí ese se convirtió en el lema de la misión. En la sala de control del mantenimiento del telescopio espacial Hubble colgaba un cartel que ponía: «Joe dice: ve despacio en la aev», lo que suponía un giro con respecto al dicho típico de «A por la AEV» (AEV significa «actividad extravehicular», es decir: paseos espaciales). Cuando los motores principales se detuvieron y llegamos al espacio, Scooter, nuestro comandante, habló por el circuito cerrado de comunicaciones y dijo: «De acuerdo, recordad que la norma de Joe LoPiccolo sigue aplicando. Hagamos las cosas despacio». Justo antes de salir por la escotilla en mi primer paseo espacial, Dan Burbank, mi compañero de clase y astronauta, querido amigo y comunicador con la astronave (CAPCOM o comunicador con la cápsula) en el Centro de Control de la Misión (CCM), dijo lo siguiente: «Recuerda, ve lento como Joe LoPiccolo». Era una forma de recordar que no había que tener prisa ni entrar en pánico, sino tomarte tu tiempo y no empeorar las cosas por actuar con demasiada prisa y hacer algo de lo que te pudieras arrepentir.

Entonces, al día siguiente, en la tercera AEV de la misión, tuvimos la oportunidad de poner a prueba todo lo que habíamos aprendido. Nos enfrentábamos a una verdadera emergencia, y la ley de Hoot, la NORMA DE LAS DOS PERSONAS Y EL IR DESPACIO PARA IR RÁPIDO fueron las lecciones que nos permitieron superarla. Para esa AEV, Jim Newman y yo nos encontrábamos en la AIV (actividad intravehicular), que es como llamamos a estar en el interior de la nave espacial durante un paseo espacial. Los caminantes espaciales programados para llevar a cabo la AEV ese día eran John Grunsfeld y Rick Linnehan. Éste era el paseo espacial que más nos había preocupado durante la preparación de nuestro vuelo, ya que se centraba en cambiar la unidad de control de la alimentación (UCA) del Hubble, que había comenzado a mostrar señales de desgaste. La UCA era un aparato crucial: más o menos como el «corazón» del telescopio espacial Hubble. Sin ella, el Hubble perdería su suministro eléctrico, lo que implicaría que perdería su capacidad de refrigerarse durante sus pasadas diurnas encarado al Sol y de calentarse durante las pasadas nocturnas sometido al gélido frío del espacio. Sin esa capacidad de controlar su estado térmico, el Hubble moriría y se convertiría en una pieza inútil de basura espacial.

Reemplazar la UCA era una tarea arriesgada. Para llevarla a cabo necesitábamos desactivar por completo y apagar el Hubble: algo que nunca se había hecho. Debíamos tomar precauciones para mantener el telescopio térmicamente estable durante el paseo espacial, y luego debíamos esperar que volviera a ponerse en funcionamiento después de haber completado el cambio de la UCA. Además de eso, la sustitución de la pieza suponía un reto en sí mismo. La UCA contenía todos los relés que alimentaban al Hubble y estaba unida al telescopio mediante treinta y cuatro conectores de pines o clavijas grandes y circulares con unos cables de alimentación y de señal extremadamente rígidos y difíciles de manipular que discurrían por su lado izquierdo y dos más por debajo de él. No estábamos seguros al ciento por ciento de que todos los conectores se fueran a separar de la antigua UCA y que luego se pudieran conectar correctamente a la nueva UCA. Durante nuestro entrenamiento nos encontramos con que las herramientas existentes para los conectores eran inadecuadas para la tarea, y desarrollamos una nueva herramienta para conectores con un elevado par de fuerzas para intentar hacer que funcionara. Por todas estas razones, no estábamos seguros de cuánto duraría el paseo espacial. Si nos encontrábamos, aunque sólo fuera un conector terco, eso podría hacer fracasar toda la reparación. Por lo tanto, queríamos hacer que los caminantes espaciales salieran por la escotilla lo antes posible para que así dispusieran del margen necesario para resolver cualquier problema con esos conectores.

El día empezó bien. Jim y yo dirigimos a John y Rick durante su preparación, les ayudamos a meterse en sus UME (unidades de movilidad extravehicular), que es el nombre técnico de los trajes para los paseos espaciales, y luego les ayudamos a entrar en el compartimento estanco para que cerraran sus trajes herméticamente. Pero entonces, justo cuando estábamos a punto de cerrar la compuerta del compartimento estanco, Jim vio agua sobre el sistema portable de respaldo vital (SPRV), que es la parte del traje que parece una mochila. Echando un vistazo más detenido descubrimos que era mucha agua, y no sólo algunas gotas. John, que estaba encerrado herméticamente en su traje y su casco, no podía ver lo que estaba pasando. Tuvimos que hacerle girar como uno de esos globos enormes del desfile del día de Acción de Gracias para ver si podíamos determinar de dónde procedía el agua. Parecía venir del sistema de enfriamiento del agua del SPRV. Se trataba de un fallo obvio. Mientras limpiábamos y eliminábamos el agua del SPRV de John, Scott Altman, nuestro comandante, preguntó si John podría, pese a ello, salir por la escotilla y hacer su paseo espacial. «No con este traje», le respondió Jim.

Se hizo obvio de inmediato que tendríamos que reconfigurar un traje completamente nuevo para John, juntando partes de otros trajes, lo que supuso un importante retraso. No teníamos un minuto que perder, pero tampoco teníamos ningún margen para el error. Se trataba del tipo de prisa y de pánico en el que yo había caído en el LFN durante ese enredo con mi cable de seguridad dieciocho meses antes, que le podía costar la vida a mi amigo una vez que saliera del compartimento estanco. Sin embargo, todos habíamos internalizado la ley de Hoot. Debíamos tener cuidado, ir despacio y vigilarnos detenidamente los unos a los otros en busca del más mínimo error. Sí, nos preocupaba el tiempo que nos llevaría y cómo esto podría afectar a la sustitución de la UCA ese día. Ciertamente, ahora parecía cuestionable que el paseo espacial fuera a producirse; pero si corríamos o éramos presa del pánico y empeorábamos las cosas por saltarnos un paso o por hacer alguna cosa sin seguir la secuencia, podríamos exacerbar el problema. Peor que perderse el paseo espacial era que podíamos hacer algo que lastimara a nuestro compañero de tripulación, que todavía estaba en el interior de la nave. No podíamos darle al equipo un problema B que arreglar antes de haber solucionado el problema A, porque en este caso, el problema A era lo suficientemente malo como para costarnos todo el día. Un único problema rara vez es insuperable, pero puede que dos problemas sí lo sean.

Para abordar el problema A, antes incluso de que pudiéramos empezar a lidiar con fabricar un traje nuevo, primero debíamos reconocer el hecho de que nuestro caminante espacial líder ya estaba metido y encerrado, herméticamente, en un traje comprometido, recibiendo su soporte vital de un sistema de soporte vital dañado. Teníamos que sacarle de ahí de forma segura. Implicamos de inmediato al Centro de Control de la Misión. Nos señalaron un procedimiento de una lista de comprobación de las AEV y añadieron algunos cambios para asegurarse de que pudiéramos sacar a John de su traje espacial de forma segura.

Me puse con la lista de comprobación y empecé a trabajar en los detalles del procedimiento. Durante todo el tiempo, Nancy Currie me cubrió las espaldas. Observó cada uno de mis movimientos y me proporcionaba un asentimiento aprobatorio a cada paso a medida que revisaba los cambios y los pasos de la lista de comprobación. Una vez que estuvimos listos para empezar con el procedimiento, decidimos que lo leería y coordinaría e informaría de los pasos al CCM, con Nancy cubriéndome las espaldas y apoyándome. En cuanto a los pasos críticos, los comprobaría doblemente con ella antes de darles el visto bueno. Jim llevaría a cabo las distintas tareas en las cajas de interruptores del compartimento estanco y sobre el traje espacial de John. Esto era crítico, y debía hacerse correctamente para proteger a John. Vigilando a Jim con otro par de ojos y un segundo cerebro estaba Duane Carey, alias Digger, nuestro piloto. Aunque Digger no era un caminante espacial, era completamente capaz de comprobar cada acción para asegurarse de que Jim se encontrara con el interruptor, la correa o la parte del traje espacial adecuados. Scooter supervisó toda la operación.

Y... sí, claro, también estaba Rick, el compañero de paseo espacial de John. El pobre Rick estaba ahí parado, esperando sentado dentro de su traje espacial en el compartimento estanco, escuchando todo este episodio. Comprobamos, periódicamente, que seguía respirando. Estaba bien.

Paso metódico a paso metódico, pudimos sacar a John de su traje sin peligro. A partir de ahí, nuestra tarea fue bastante sencilla. Jim Newman y John Grunsfeld tenían un torso de la misma talla, pero no pasaba lo mismo con sus brazos y piernas, por lo que simplemente teníamos que tomar las mangas y las perneras del traje de John y unirlos al torso y al SPRV del traje de Jim, pero eso era más fácil de decir que de hacer.

La parte más complicada era la de sustituir las mangas. Para eso debíamos romper el sellado de las mangas del traje espacial bueno y asegurar una buena conexión y sellado al unir las mangas del traje de John. Las consecuencias de una equivocación podían ser potencialmente desastrosas. Estábamos enviando a un hombre al espacio y pidiéndole que pusiera su vida en las manos de lo que en esencia era un equipamiento no probado.

Ya estábamos muy retrasados con respecto al plan de vuelo de ese día, pero pese a ello no nos metimos prisa. Fuimos despacio: más despacio que Joe LoPiccolo. Teníamos a dos personas encargándose de la lista de comprobación (Nancy y yo) y a dos personas trabajando en la reconfiguración del nuevo traje espacial: a Jim ejecutando las instrucciones y a John (que ahora estaba fuera de su traje espacial y listo para ayudar) vigilándole las espaldas, y ya que era el trasero de John el que tenía que meterse dentro de ese traje, resultaba adecuado que se implicara.

Después de haber completado la reconfiguración y de haber hecho un chequeo triple, había llegado el momento de volver a empezar con meter a John dentro de su traje espacial estando así listo para su paseo por el espacio. Una vez que estuvo metido y cerrado herméticamente en el traje nuevo, había llegado el momento de ponerlo en funcionamiento y asegurarse de que estuviera funcionando correctamente. Jim y yo comprobamos tres veces si había fugas, tanto de agua como de presión. Vigilamos que no hubiera agua debido a lo sucedido anteriormente y comprobamos la presión porque habíamos unido partes nuevas y queríamos asegurarnos de que cada una de ellas fuera completamente hermética. Lo eran. No había fugas de agua ni de presión. El traje estaba listo. Le di a John el visto bueno alzando el pulgar. Él me sonrió y asintió. Cerramos la escotilla interior del compartimento estanco y procedimos con su despresurización. John abrió la escotilla que daba al espacio, a salvo en su traje nuevo, y el paseo espacial empezó, por fin, pese a hacerlo dos horas tarde.

A pesar a ello, no podíamos correr para recuperar el tiempo perdido. Mantuvimos nuestro mismo ritmo lento intencionado. ¿Y sabes qué? La instalación de la nueva UCA no sólo fue un éxito, sino que ese paseo espacial acabó siendo el más corto de los cinco que llevamos a cabo durante la misión y el único que se completó en menos de siete horas. Casi podrías decir que nuestros problemas con el traje espacial de John nos habían situado en un estado de conciencia intensificada de la ley de Hoot, y eso es lo que nos permitió ser tan eficientes en este paseo espacial de alto riesgo.

No empeorando las cosas después de un gran problema, yendo despacio para poder ir deprisa, y empleando a dos personas para comprobar cada acción crítica, tuvimos éxito ese día. El Hubble obtuvo su «trasplante de corazón» y le añadimos vida al telescopio, de modo que pudiera desvelar más misterios del universo. Nuestra misión incrementó sustancialmente el potencial del Hubble de hacer hallazgos y condujo a la concesión de un Premio Nobel en Física por el descubrimiento de la energía oscura empleando instrumentos y equipamiento instalados durante nuestros paseos espaciales: y todo ello porque no empeoramos una situación difícil.

✴ ✴ ✴

En la actualidad intento aplicar la ley de Hoot en casa. Hace poco perdí una pieza del controlador de la ducha detrás de la pared del cuarto de baño mientras intentaba arreglarlo. Mi primera inclinación fue la de correr para internar recuperar rápidamente la pieza perdida, lo que podría haber provocado más daños en la pared de la ducha. Al recordar la ley de Hoot, ralenticé mi ritmo y valoré la situación. Al final, consideré que se trataba de una acción estúpida, permití que la pared se quedara con la pieza perdida y fui a la ferretería a comprar una nueva. Entonces tuve especial cuidado para no perder esa pieza nueva detrás de la pared cuando me dispuse a hacer la reparación, cosa que completé con éxito.

La ley de Hoot volvió a salvarme cuando a mi hijo le picó una medusa en la playa. Fui a toda prisa mientras le llevaba hasta el coche de alquiler para llevarle al hospital, le metí en la parte posterior del vehículo, entré yo también e intenté conducir, pero el coche no arrancaba. Fue entonces cuando me di cuenta de que le había llevado hasta un coche equivocado que resultó que no estaba cerrado. Ahora me encontraba con el problema añadido de encontrar mi coche de alquiler y volver a llevar a mi hijo hasta ese vehículo para que posteriormente pudiera recibir atención médica.

Una vez que me recompuse, me di cuenta de que mis prisas nos habían costado tiempo. Sentado al volante del coche correcto, llegué a la conclusión de que correr sin pensar para ir al médico podía provocar un problema incluso mayor. La situación no era potencialmente fatal (mi hijo estaba bien, pese a que la picadura le dolía), pero sólo podía empeorar si era presa del pánico mientras conducía y tenía un accidente de tráfico. Por lo tanto, conduje hacia la consulta del médico tan rápido como era razonable mientras, al mismo tiempo, tenía cuidado para no hacer que una situación negativa empeorase. Mi hijo recibió la atención que necesitaba y le sigue yendo extremadamente bien.

Por lo tanto, cuando te enfrentes a lo que parezca ser una situación desesperada que no pueda empeorar, recuerda: TÚ puedes hacerla empeorar. No permitas que eso suceda. En lugar de ello te recomiendo lo siguiente:

- Recuerda la ley de Hoot. Piensa en cómo podrían empeorar las cosas si cometieses otro error, y no generes un segundo problema mientras intentas resolver el primer problema apresuradamente.
- Recuerda a Joe LoPiccolo. Ve despacio y resístete a la tentación de actuar con demasiada rapidez.
- Para unas acciones correctivas críticas, si es posible, haz que una segunda persona se implique para cubrirte las espaldas y para que se asegure de que tus acciones no conduzcan a una situación peor.

Tanto si estás solucionando un problema en el trabajo, arreglando un grifo que gotea en el lavabo o evitando perderte mientras conduces hacia casa de tus suegros, emplea estas reglas y date a ti mismo y a tu equipo la posibilidad de resolver el problema sin exacerbar una situación ya de por sí difícil.

LA PRIMERA REGLA DEL LIDERAZGO

ADMIRA Y CUIDA DE TODOS EN TU EQUIPO

En el otoño de mi primer año en la NASA, las Sardinas se embutieron en un aula en el primer piso del Edificio 4 Sur para escuchar una charla. A lo largo del transcurso de ese año, varias lumbreras del programa espacial vinieron a compartir sus experiencias y a darnos consejos para ayudarnos a integrarnos en la familia de la NASA. Neil Armstrong era, por supuesto, el más conocido, pero también estaban Harrison Schmitt, que había paseado sobre la Luna y había sido geólogo en la misión Apolo 17 y que era el único astronauta que no era piloto de pruebas que había puesto un pie sobre la superficie lunar; y Gene Kranz, el legendario director de vuelo de la misión Apolo 11 cuyo liderazgo se hizo famoso en el momento en el que el actor Ed Harris dijo: «El fracaso no es una opción» en la película *Apolo 13*.

Ese día, de pie en la parte delantera de la sala, vestido de manera informal con una cazadora deportiva y sin corbata, todavía esbelto y en forma para tener sesenta y cinco años, estaba Alan Bean, el cuarto hombre que había caminado sobre la Luna. Aunque nunca fue tan famoso como otros astronautas, Alan tenía una carrera legendaria. Era piloto de pruebas de las Fuerzas Navales y fue elegido astronauta en 1963, voló en la misión Apolo 12 en 1969, y luego vivió dos meses en el espacio a bordo del Skylab en 1973. Desde el momento en que empezó a hablar, supe que esta charla no iba a ser como una conferencia al uso. Fue, sin lugar a dudas, la mejor charla que haya oído nunca de nadie. Me cambió la vida.

Entramos a la sala y nos sentamos, y Alan nos echó un vistazo y sonrió: «¡Vaya! –dijo–. Puedo verlo en vuestra mirada. Puedo ver esa pasión, ese entusiasmo, igual que me pasaba a mí con mis compañeros de clase astronautas cuando empezamos. No permitáis que ese sentimiento muera nunca». A continuación, procedió con sus observaciones preparadas, pero en lugar de proporcionarnos los momentos estelares y los logros en su vida, Alan dijo que lo que quería hacer era hablarnos de todo lo que había hecho mal: los errores que había cometido que habían supuesto un lastre para su trayectoria profesional. «Fui el último tipo en mi clase en volar –dijo–, y no fue culpa de nadie más que mía. Uno de vosotros será la última persona de esta clase en volar (y eso no tiene nada de malo), pero quiero explicaros cómo la fastidié, de forma que quizás vosotros no cometáis los mismos errores que yo cometí».

Captó mi atención. No quería cometer *ningún* error.

Alan prosiguió entonces para explicarnos una historia sobre el día en el que se encontraba en el Simulador del Módulo Lunar practicando un alunizaje con Pete Conrad, su comandante. Alan seguía siendo un astronauta novato, mientras que Pete ya había volado al espacio dos veces. Durante una pausa, Alan mencionó de pasada cómo estaba teniendo problemas con un ingeniero que había sido asignado para ayudar con la misión. Ese tipo tenía unas ideas extravagantes, y a Alan no le gustaba para nada, por lo que pensó que quizás se debiera sacar a esta persona del equipo.

Pete le miró y le dijo:

—Quizás *seas tú* el que debería ser eliminado del equipo. Si las cuatrocientas personas que trabajan en el programa espacial Apolo pensaran de la misma forma que tú o yo, nunca llegaríamos a la Luna. Para hacer algo así de desafiante necesitamos a gente que piense y trabaje de forma diferente, y el simple hecho de que no te guste alguien no significa que no sea un miembro valioso del equipo.

Entonces se lo dijo claro a Alan:

—Debes aprender sobre ser un líder y también un buen compañero de equipo.

Alan se puso a la defensiva, diciendo que sabía mucho sobre liderazgo y trabajo en equipo.

—No conoces la primera regla sobre ser un buen líder de un equipo –dijo Pete.

—Claro que la conozco –contestó Alan.

—De acuerdo. ¿Cuál es? –le preguntó Pete.

—Bueno… –titubeó Alan–, es estar concentrado en la misión.

—No. No lo es.

—Bueno, es respaldar a tu comandante.

—Tampoco es ésa.

—Bueno, entonces…, ¿cuál es? –soltó Alan, poniéndose furioso y un poco abochornado.

—La primera regla del liderazgo consiste en dar con una forma de admirar y preocuparte por cada miembro de tu equipo –dijo Pete–, y si alguna vez quieres ser un gran líder, será mejor que lo aprendas.

Alan pensó que Pete estaba loco. Señaló que en cualquier reunión normal del programa espacial Apolo había una asistencia de unas treinta personas. Las diez que se sentaban delante participaban y tenían cosas útiles que decir. Luego había unas quince personas en medio que no decían gran cosa y que no tenías ni idea de qué estaban pensando.

—Pero –añadió Alan– siempre hay tres o cuatro al fondo. Cada vez que la reunión está a punto de acabarse, esas personas ponen sobre el tapete un asunto completamente nuevo. Es como si no hubiesen estado escuchando nada de la reunión y simplemente quisieran hablar de sandeces aleatorias. ¡Es difícil admirar a esas personas!

—Y ése es precisamente tu problema –dijo Pete–. No has dado con una forma de hacerlo.

A Alan le resultó doloroso escuchar todo esto, y provocó un poco de tensión entre él y Pete durante los siguientes días. Entonces, finalmente, Alan empezó a pensar en ello un poco más. Empezó a observar a algunos de los astronautas, como Jim McDivitt, por ejemplo. Todos escuchaban a Jim McDivitt. Sus ideas, en opinión de Alan, no eran siempre tan buenas como las de otros astronautas, pero el equipo siempre le prestaba atención, independientemente de ello; y cuando uno de esos tres o cuatro tipos que se sentaban al fondo de la sala y eran un incordio decían algo, Jim siempre sabía su nombre y los trataba con tanto respeto como a todos los demás. Puede que, como resultado de ello, Jim nunca tuviera los roces con sus compañeros de equipo que sí había estado teniendo Allan.

«Puede que Pete tenga razón», empezó a pensar Alan. Le llevó un tiempo cambiar, que es la razón, en gran parte, por la que fue el último de los tipos en su clase del programa espacial Apolo en volar; pero para cuando Alan fue comandante en el Skylab, el consejo de Pete Conrad había marcado toda la diferencia del mundo. Alan había aprendido a admirar y a cuidar de todas las personas de su equipo del Skylab, y debido a ello Alan es recordado como uno de los grandes líderes de la Oficina de Astronautas hasta la fecha.

Hasta ese momento en mi vida, rara vez había dado un paso al frente para ser el líder en algo. Me gustaba formar parte de un equipo de liderazgo, pero nunca busqué el puesto superior. Tanto si se trataba de baloncesto en el segundo equipo en el instituto, o de supervivencia al aire libre con mis compañeros CANAS de la NASA, o incluso de ser entrenador de los equipos de las ligas infantiles de béisbol de mis hijos, normalmente era el número dos: el cocapitán, el entrenador adjunto, el vicepresidente, el tipo detrás del líder. Me encontraba cómodo en esa posición. Me gustaba estar en el centro de las cosas, uniendo al equipo y haciendo que todos estuviesen entusiasmados con lo que estuviésemos haciendo ese día, pero nunca me sentí cómodo siendo el macho alfa, teniendo que estar al frente de todos y dirigiendo el cotarro.

En retrospectiva, puedo decir que la razón por la cual era así era debido a mi deseo de gustarle a todo el mundo. A todo el mundo le gusta el tipo número dos: te ayuda y está a tu lado, pero no es el tipo que puede dejarte en el banquillo. No es el jefe que no te tuvo en cuenta para un aumento de sueldo o que te dio la mala noticia de que no conseguirías el próximo ascenso. Los líderes son como pararrayos. Tienen que tomar decisiones difíciles que puede que molesten a la gente y, pese a ello, mantienen al equipo unido después de haber tomado esa decisión. Nunca me sentí cómodo siendo ese tipo, pero sabía que si quería triunfar en la NASA debía aprender cómo hacerlo.

Al salir de la conferencia de Alan Bean ese día, me prometí tomarme sus consejos en serio, y lo hice. Me propuse fijarme en los grandes líderes que había a mi alrededor: los jefes de la Oficina de Astronautas, como Bob Cabana, Kent Rominger y Charlie Precourt; Brent Jett, el director de Operaciones de la Tripulación de Vuelos; Scott Altman, mi comandante en el transbordador espacial en la misión STS-109 y muchos otros. Todos eran distintos en cuanto a su estilo de liderazgo y su personalidad, pero todos tenían una cosa en común. Se tomaron el tiempo necesario para llegar a conocer a las personas que tenían bajo su mando. Sabían el nombre de todos los que contribuían en nuestras misiones: desde los ingenieros de apoyo hasta los instructores, y a todos por encima y por debajo de la cadena de mando. También se aseguraban de que todos supieran lo mucho que eran apreciados.

Alan Bean también predijo que el algún momento en nuestra trayectoria profesional, a mis astronautas compañeros de clase y a mí se nos pediría que hiciéramos lo imposible. Alan dijo que se sintió así cuando se les asignó la tarea de ir a la Luna. Al principio pensaron que ese objetivo era imposible de conseguir, pero al disponer de un buen liderazgo que anime a un equipo variopinto en el que todos tengan voz y voto, empiezas a hablar de los retos y te das cuenta de que puede que, después de todo, no sea imposible. Simplemente es necesaria una diversidad de formas de pensar y de ideas para resolver el problema como equipo. Quería convertirme en un líder como el que Alan había descrito, de modo que cuando me pidieran que hiciera lo imposible, fuera capaz de liderar un equipo para hacer exactamente eso.

A medida que pasaron los años, asumí más y más roles de liderazgo. Primero en equipos pequeños y al final en grandes proyectos, como el de la reparación del espectrógrafo de imágenes del telescopio espacial (EITE) en mi segunda misión al telescopio espacial Hubble. La reparación del EITE fue el paseo espacial más complicado nunca intentado. Iba a necesitar nuevas ideas, procedimientos originales y el desarrollo de más de cien herramientas nuevas. Como caminante espacial líder se me proporcionó la oportunidad de poner en práctica lo que había aprendido de Alan y de otros líderes.

Teníamos un gran equipo de ingenieros comprometidos trabajando juntos desde los centros de la NASA y contratistas de apoyo por todo el país. El equipo representaba una mezcla variada de antecedentes y experiencia. Sin embargo, trabajar con un grupo enormemente variado de pensadores y personalidades fue desafiante a veces. Tuve que canalizar a mi mejor Alan Bean, especialmente con un ingeniero al que llamaré Sam. Muchas veces, las sugerencias de Sam simplemente no tenían sentido.

Frecuentemente parecía como si todos estuviéramos trabajando juntos y en la misma onda, y mientras tanto Sam estaba pensando por su cuenta. Generalmente, cualquier cosa que Sam dijera simplemente era desestimada sin pensarlo dos veces por la gente que había en la sala. «Vaya, sí…, eso es genial, Sam. Quizás podríamos echarle un vistazo. De todas formas, avancemos…». Me olvidé de todo lo que había aprendido de Alan y, por un momento, estuve a punto de ignorar también a ese tipo, pero en el fondo sabía que, como líder del equipo, era responsabilidad mía hacer que esta situación funcionara. Por lo tanto, a lo largo de los siguientes meses me obligué a recordar la primera regla del liderazgo: dar con una forma de admirar y cuidar de cada miembro de tu equipo.

Me senté y me puse en los zapatos de Alan Bean para intentar averiguar cómo ayudar a que Sam y el equipo progresaran. Recordé el corolario de Alan a la primera regla del liderazgo: cuando tengas problemas con alguien, no pienses en ello como «No me gusta», sino que más bien piensa en ello como «No le conozco lo suficientemente bien». Tómate el tiempo para llegar a conocerle mejor hasta que encuentres algo que admirar. Al hacerlo, el equipo se vuelve más fuerte.

Hice un esfuerzo especial para llegar a conocer a Sam. Hablaba con él después de las reuniones. Le buscaba y le preguntaba qué pensaba de forma individual, en lugar de en una situación de grupo. Lo que aprendí es que era un tipo maravillosamente inteligente. Tenía un grado en ingeniería avanzada y siempre había tenido el sueño, desde que era muy pequeño, de formar parte del programa espacial, igual que yo.

Pese a ello, lo que más me sorprendió de Sam fue su dedicación a su trabajo y a nuestra misión. Vivía y sentía el trabajo. No estaba interesado en ser popular. Sólo estaba interesado en proporcionarnos la mejor oportunidad para tener éxito, lo que significada que estaba hiperconcentrado en resolver problemas técnicos; pero eso podía haber venido acompañado de la contrapartida de una gestión de la etiqueta durante las reuniones de forma eficaz.

Una vez que empecé a escucharle, me di cuenta de que muchas de sus ideas eran realmente brillantes. Tenía unos buenos conocimientos sobre las herramientas que íbamos a usar y las técnicas que podríamos emplear de forma distinta. El problema era que no sabía cuándo o cómo comunicar esos conocimientos, y el resto del equipo tenía tendencia a desestimar cualquier cosa que tuviera que decir. Esto significaba que se estaban perdiendo ideas potencialmente buenas.

Por lo tanto, y una vez más, hice lo que Alan Bean y Pete Conrad habrían hecho: contacté con él incluso más. Le mostré más respeto durante nuestras sesiones de entrenamiento. Recurrí a él y destaqué sus ideas en las sesiones informativas del equipo. También intenté hacer cosas para que el equipo se relajara y se conociera en un entorno social. Después de las sesiones en el LFN al final de la semana, sugería que saliéramos como equipo a tomar una copa. Nos conocimos fuera del trabajo, lo que abrió nuevas vías para comunicarnos y conectar.

Al final, todo ayudó enormemente al equipo. Todos comprendieron que cada uno de nosotros tenía algo que ofrecer, y quizás algunas de las ideas más singulares que se estaban barajando eran mejores de lo que pensábamos, lo que fue algo crucial para el éxito de la misión. Cuando estábamos trazando la estrategia para desmontar el EITE, Sam identificó las formas en las que iba a ser difícil extraer la tarjeta de la fuente de alimentación y diseñó una solución para el problema. La primera vez que la mencionó nos mostramos escépticos, pero al final estuvo en lo cierto. Su idea funcionó. El hecho de que no fuera como yo ni como los demás astronautas o ingenieros de nuestro equipo hizo que fuera todavía más valioso, permitiéndonos aprender de su perspectiva única. Acabé estando extremadamente agradecido de que formara parte de nuestro equipo. El camino para llegar hasta ahí desde el punto en el que comencé fue largo, pero gracias a los consejos de Alan llegué y me convertí en un líder más eficiente.

Después de esta y de otras experiencias de liderazgo, empecé a desarrollar mi propio corolario a la primera regla del liderazgo. lo llamo el «banco de los buenos pensamientos». Lo que me ayudó con Sam fue que, al conocerle, supe de su valor. También me di cuenta de que teníamos unas prioridades y sueños compartidos, como el hecho de que ambos habíamos tenido el mismo objetivo como niños y que los dos estábamos comprometidos a salvar al Hubble. Entonces tomé esos buenos pensamientos y los guardé en mi «banco» para cuando los necesitara.

Porque los necesité. Los retos propios de trabajar con un equipo y dirigirlo no se desvanecieron de forma mágica de un día para otro. En cada equipo que lideré o con el que trabajé más adelante, seguimos teniendo problemas de comunicación y seguimos teniendo dificultades para integrar plenamente al equipo, pero cada vez que surgía uno de estos retos, y como disponía del banco de los buenos pensamientos guardado sobre cada miembro del equipo, pude recordarme por qué me gustaba trabajar con gente a pesar de los desafíos. En lugar de enfadarme y pensar: «¡Vaya, ya estamos otra vez!», me decía a mí mismo: «Esta persona es un ingeniero brillante y comprometido y siempre es bienintencionado, por lo que vamos a intentar comprender por qué no se está comunicando adecuadamente. Déjame ayudarle a pulir este pensamiento para el equipo». Con este enfoque, pude abordar cada problema con una mentalidad positiva, siempre buscando una solución en lugar de simplemente volverme pesimista y tirar la toalla.

Mantener un banco de buenos pensamientos de tus colegas y otras personas no consiste en una mentalidad de tipo «tomémonos todos de las manos y hagamos ver que todos somos geniales y que todo va bien». De hecho, es lo contrario. Consiste en reconocer que cada miembro del equipo tiene defectos y que todos van a acabar estando en desacuerdo entre sí o decepcionado a alguien algunas veces. Todos cometemos errores. Decimos cosas que en realidad no pensamos. Nos volvemos irritables porque estamos teniendo un mal día. Como líder del equipo tienes que abordar estos problemas, pero antes de hacerlo, acude al banco de los buenos pensamientos. Piensa en algo positivo que el miembro del equipo transgresor hiciera en el pasado, piensa en por qué te preocupas por él y le admiras y por qué es una parte importante del equipo.

Pon un buen pensamiento en tu cabeza primero y luego aborda el problema, porque eso te llevará a resolverlo de una forma constructiva y positiva.

De forma contraria, permitir que los malos pensamientos sobre un compañero de equipo dirijan tu toma de decisiones pueden conducir a un daño irreversible. Cuando siempre asumes cosas negativas sobre la gente, cuando asignas malos motivos a errores sencillos, cuando crees que el peor día de alguien define cómo es siempre, entonces el fracaso está prácticamente predestinado. Eso no te llevará a un resultado positivo, independientemente de la situación en la que te encuentres. Simplemente no puedes hacer eso. Si lo haces, el peor de los casos en tu mente se convertirá en una profecía que se cumplirá.

Por lo tanto, para ayudarte a seguir hasta el final con la primera regla del liderazgo, acude siempre al banco de los buenos pensamientos primero. Puedes hacerlo siempre que lo necesites. Puede que un compañero de equipo haya hecho algo que no te haya gustado. Puede que un colega haya generado un nuevo problema mientras estaba intentando solucionar uno anterior. Independientemente de lo que sea, en cuanto te encuentres amargándote con esa persona, détente en ese preciso momento y lugar. No ahondes en ese pensamiento. Toma el pensamiento negativo y cámbialo por un positivo. Piensa en una cosa genial que tu colega, tu cónyuge o tu hijo haya hecho alguna vez por ti, en una cualidad estelar que posea. Luego aborda la situación antes de que ese sentimiento negativo dañe vuestra relación, desmoralice al equipo y arruine un día perfectamente bueno. Siempre hay muchas cosas de las que preocuparse y que admirar en la gente que forma parte de nuestra vida personal y profesional. Recuerda que ésa es la razón por la que, ya para empezar, llegaron a formar parte de nuestra vida.

Hoy, en mi vida después de la NASA, intento aplicar la primera regla del liderazgo de Alan Bean siempre y en cualquier lugar que puedo. Viajo mucho y doy charlas y conferencias por todo el país, y siempre pienso en la gente que me ayuda en cada lugar como si fuera mi equipo. El planificador de eventos, el técnico de audio y vídeo, el informático, el cámara: todos ellos son mis compañeros de equipo, y yo soy el líder del equipo *de facto*, incluso aunque sólo sea durante algunas horas. Siempre intento mostrarles cuánto agradezco su ayuda y aplico las lecciones que he aprendido, y ellos siempre me responden haciéndolo lo mejor posible para ayudarme a dar una charla exitosa. Incluso aunque sólo coincidas brevemente con alguien durante una hora o dos, mostrarle que te importa y que admiras sus capacidades es de enorme ayuda.

Siempre pongo en práctica los consejos de Alan en mi nuevo papel académico. Paso mi tiempo en la Universidad de Columbia enseñando a estudiantes de grado y de posgrado en cursos como «Introducción a los vuelos espaciales humanos», «Ingeniería aeroespacial de factores humanos» y «El arte de la ingeniería». También soy el asesor de nuestro club espacial de los estudiantes: la Iniciativa Espacial de Columbia. Intento llegar a conocer a cada uno de los alumnos desde el principio haciendo que completen un cuestionario sobre sus intereses académicos y para su trayectoria profesional, y por qué están interesados en asistir a mi curso. Pienso que cada alumno forma parte de un equipo que estoy liderando, y lo hago lo mejor posible para conectar con ellos para ayudarles a perseguir sus intereses y sus sueños.

Para enseñar algunos de estos principios, en cada uno de mis cursos encargo un proyecto de grupo. Los proyectos de grupo pueden suponer un reto. Los alumnos no sólo deben dominar el material del curso, sino también aprender a trabajar juntos para tener éxito, haciendo malabares con sus horarios y compromisos personales para ser un equipo y completar el proyecto de forma eficiente. Intento animarlos a dar con formas de ser buenos compañeros de equipo y líderes. Cuando el equipo se descompone, lo mismo pasa con su aprendizaje y su avance en el curso. Cuando veo que sucede eso, les explico lo que aprendí en mis años en la NASA sobre el liderazgo y acerca de ser un buen miembro de un equipo. Comparto con ellos que una parte fundamental de mis enseñanzas y mi asesoría en Columbia consiste en una lección que me cambió la vida y que aprendí sobre el trabajo en equipo de manos del cuarto hombre que puso el pie en la Luna.

Las lecciones de Alan Bean sobre el liderazgo y el trabajo en equipo me cambiaron literalmente la vida. A lo largo de los años tras esa primera charla a mi curso de astronautas, intimé mucho con él y su esposa, Leslie. Iba a verle al estudio que tenía en su casa, y frecuentemente me llevaba a uno de mis hijos para que se empapara de algo de la sabiduría de Alan. La última vez que le oí hablar fue en 2017, en una reunión de astronautas, cuando se dirigió al nuevo curso de CANAS, compartiendo las mismas historias y conocimientos que me había proporcionado veinte años antes.

Después de la charla, Leslie Bean se me acercó y me dijo:

—Mike, tengo que pedirte un favor.

—Por supuesto –le respondí–. Dime.

—¿Querrías dar un discurso en el funeral de Alan?

Se me heló el corazón.

—Leslie –le dije–, ¿hay algo que no me estés contando? ¿Está Alan bien?

—Oh, sí. Está bien –dijo–, pero se está haciendo mayor y estamos intentando planificar las cosas mientras él sigue teniendo la mente lúcida.

Le dije a Leslie que sería un honor hacer lo que me pedía, pero que esperaba no hacerlo hasta dentro de mucho tiempo. Entonces, menos de un año después, el 25 de mayo de 2018, recibí la llamada. Alan estaba en el hospital después de enfermar de repente mientras estaba de viaje, dos semanas antes. Falleció a la mañana siguiente. Honrando la petición de Leslie, di un discurso en el funeral de Alan, celebrado en Houston, compartiendo el gran impacto que había tenido en mi vida. Luego, en el sepelio, celebrado en el Cementerio Nacional de Arlington, donde Alan iba a reposar junto con Pete Conrad y Dick Gordon, sus compañeros de tripulación de la misión espacial Apolo 12, Leslie me pidió que fuera uno de los portadores del féretro. Le dije que lo haría. Fue uno de los grandes honores en mi vida.

Todos los héroes de mi niñez que seguían vivos y estaban lo suficientemente sanos para viajar portaron su féretro a mi lado, incluyendo a Michael Collins y Buzz Aldrin, de la misión espacial Apolo 1; Walt Cunningham, de la misión espacial Apolo 7; Bill Anders, de la misión espacial Apolo 8; Charlie Duke y Ken Mattingly, de la misión espacial Apolo 16; Jack Lousma de la misión espacial Skylab 3; y Fred Haise, de la misión espacial Apolo 13. Estas leyendas de la exploración del espacio tenían ochenta y muchos o noventa y pocos años, y estaban aproximándose a las órbitas finales de algunas de las vidas más extraordinarias vividas nunca. Mientras estaba de pie a su lado, a los pies de la tumba, pensé en el tiempo que había pasado con Alan y en todo lo que había compartido conmigo a lo largo de los años. Decidí que su sabiduría debía ser explicada y transmitida no sólo a futuros astronautas, sino también a cualquiera dispuesto a escuchar y aprender, y me honra compartir uno de sus consejos más valiosos con todos vosotros.

✳ ✳ ✳

¿Has tenido alguna vez un jefe o un líder que no se preocupara por ti en absoluto, sino sólo por lo que podías hacer por él? Yo lo he tenido. No estaba motivado para ayudar a esa persona y siempre me mostraba suspicaz con respecto a sus motivos. ¿Has tenido alguna vez un jefe o un líder que valorara y admirara tus habilidades? También he tenido de ésos, y no hay nada que no haría por ellos, tanto cuando trabajábamos juntos como después. Esas relaciones duran toda una vida. ¿Qué tipo de compañero de equipo o de líder quieres ser? Si quieres que la gente esté ahí cuando la necesites, da con una forma de admirar y preocuparte por cada miembro de tu equipo.

Todos los líderes son distintos, y todos deberían intentar dar con el estilo de liderazgo que les funcione mejor. Sin embargo, independientemente de cómo se pongan de manifiesto esas características individuales, la primera regla del liderazgo se nos aplica a todos. Por lo tanto, recuerda:

- Si quieres ser un buen líder, compañero de equipo, miembro de la familia, cónyuge, socio, progenitor, *coach*, miembro de la comunidad o incluso simplemente una mejor persona, da con una forma de admirar y de preocuparte por toda la gente que tienes a tu alrededor.
- Si conoces a alguien y tienes una mala primera impresión, no saques conclusiones precipitadas. Si piensas que hay alguien en tu equipo que no te gusta, recuérdate que quizás simplemente no le conozcas lo suficiente. Intenta encontrar cosas que tengáis en

común. Tómate el tiempo y lleva a cabo el trabajo para encontrar algo que te importe y que admires en esa persona.

- Vas a seguir teniendo problemas, así que revisa la lista de todas las personas que forman tu equipo, piensa en las características positivas de cada una y guárdalas siempre en el banco de los buenos pensamientos. Antes de tener que ocuparte de un problema con un miembro del equipo, ve a hacer una retirada de fondos del banco. Recuérdate qué tiene de bueno esta persona y por qué te gusta tenerla cerca antes de tener que abordar los asuntos difíciles y negativos. Muestra a ese miembro del equipo que, independientemente del problema que tengas con él, antes que nada le admiras y te importa. Hazlo y habrás hecho que la resolución del problema sea mucho más fácil.

No todo el mundo es un líder nato. De hecho, la mayoría no lo somos. Yo no lo era, y es algo en lo que trabajo cada día, pero lo hago canalizando las enseñanzas de mi gran amigo Alan Bean. Si en alguna ocasión tienes alguna duda sobre la primera y más importante lección para convertirte en un gran líder y compañero de equipo, simplemente recuerda su nombre y sigue su regla.

HOUSTON, TENEMOS UN PROBLEMA

CONTACTA CON EL CENTRO DE CONTROL
Y SÉ EL CENTRO DE CONTROL PARA OTROS

Después de mi primer vuelo espacial en la misión STS-109, me asignaron lo que llegué a pensar que era el mejor trabajo que un astronauta puede tener en tierra. Llegué a ser CAPCOM. Gracias a películas como *Apolo 13*, todo el mundo sabe de «Houston», conocido también como el centro de control de la misión: el numeroso y atento equipo en tierra listo para ayudar y asistir a los astronautas que están volando por el espacio. La gente sabe que Houston está ahí siempre que los astronautas se encuentran con un problema logístico, pero el papel del CAPCOM (el comunicador con la astronave) es mucho menos conocido.

El CAPCOM es el astronauta que se sienta al lado del director de vuelo en el centro de control de la misión y que habla directamente con la tripulación transmitiendo instrucciones, actualizaciones y ayuda desde tierra (CAPCOM es, originalmente, la abreviatura de «comunicador con la cápsula», que data de la época de las misiones espaciales Mercury, cuando llamábamos «cápsulas» a las naves espaciales). Pero más que simplemente transmitir información técnica, la principal tarea del CAPCOM es, sencillamente, estar ahí para los astronautas cuando le necesiten. El CAPCOM es el hombro en el que apoyarse en tierra cuando se encuentran a cientos de kilómetros de su hogar. Es su cuerda salvavidas.

La gente siempre me pregunta cómo de genial es estar en el espacio, estar flotando en gravedad cero y observando la Luna y las estrellas. Y sí, es genial. Es verdaderamente genial. También puede ser increíblemente solitario. A veces no es simplemente solitario, sino existencialmente aterrador. Cuando estás ahí fuera, durante un paseo espacial, en ese momento tu compañero y tú sois los dos únicos seres vivos en el vacío del espacio en todo el sistema solar (que sepamos), en toda la Vía Láctea y posiblemente en todo el universo. En momentos así, no necesitas simplemente un cable de seguridad que te conecte al transbordador espacial. Necesitas un cable emocional que te conecte con el resto de la humanidad. Eso es lo que el CAPCOM hace por ti. Es la voz en tu oído, lista para mantenerte firme y apoyarte en lo que sea que estés haciendo. Está sosteniendo tu mano a cada momento, explicándote los cambios en el cronograma, ayudándote con los procedimientos y actuando como tu enlace con las docenas de personas que trabajan en el centro de control del vuelo en tierra. Pero tu CAPCOM no sólo está ahí para ayudarte con el trabajo. También está ahí para compartir noticias importantes, sean buenas o malas, de casa. Está ahí para contarte que tu hijo ha aprobado el examen de Ortografía o para compadecerse porque cierto equipo deportivo perdió, una vez más, el partido en el último suspiro. En los momentos críticos puede que sea el único apoyo emocional con el que cuentes.

La buena comunicación es algo para lo que los astronautas se entrenan desde el principio, para aprender sobre su importancia. Siempre que ejecutábamos nuestras simulaciones, el equipo de control estaba en el Centro de Control de la Misión y los astronautas en el simulador, y pese a que ambos edificios estaban cerca el uno del otro, el equipo de entrenamiento nos hacía sentir como si estuviéramos comunicándonos desde el espacio. Hay un retardo artificial incorporado en el circuito cerrado de comunicación, junto con apagones en las comunicaciones, interferencias y lo que podríamos llamar períodos de comunicaciones intermitentes o de mala calidad. Hacemos, deliberadamente, que sea difícil comunicarse para así averiguar cómo compartir información fundamental y que puede salvarnos la vida a lo largo de grandes distancias incluso aunque haya retos para la conectividad. Pero consiste en algo más que en simplemente aprender los protocolos y la forma adecuada de comunicarse claramente con fines técnicos. Hacen que la comunicación caiga y se restablezca para que comprendas lo preciosa que es, cuánto la necesitas y cómo te sentirías si la perdieras.

Finalmente tuve la oportunidad de servir como CAPCOM después de la misión STS-109, porque normalmente debes disponer de experiencia de vuelo antes de que te puedan asignar ese trabajo, cosa que tiene sentido. La idea es que un CAPCOM puede hacer un mejor trabajo una vez que conozca qué es estar en el espacio, de modo que sepa cómo apoyar de forma más eficaz a sus colegas en el espacio. También necesitas la experiencia de haber confiado en un CAPCOM en busca de apoyo emocional en el espacio para saber lo crucial que es ese respaldo y cómo proporcionarlo cuando se recurra a ti para que lo hagas. A lo largo de los siguientes años tuve el privilegio de trabajar como CAPCOM en el CCM durante muchas misiones e incontables simulaciones. Mi prioridad número uno consistía en asegurarme de que la tripulación supiera que Houston estaba pendiente de ella, no sólo en cuanto a sus labores técnicas, sino también personal y emocionalmente.

Cada designación como CAPCOM era importante, pero, de largo, mis turnos más importantes en el puesto de CAPCOM llegaron tras el accidente del Columbia. Fue algo que lo devoró todo en todos los frentes. Mientras tanto, teníamos a tres personas viviendo en la Estación Espacial Internacional (EEI) en esa época, y acababan de perder su viaje de vuelta a casa. Los vuelos del transbordador a la EEI habían sido suspendidos de inmediato. Los astronautas Don Pettit y Ken Bowersox (apodado Sox) estaban en la EEI junto con el cosmonauta Nikolai Budarin. Sox era un veterano con cinco vuelos espaciales a sus espaldas y uno de mis colegas más respetado y querido, mientras que Don era uno de mis astronautas compañeros de curso y uno de mis mejores amigos. Tenían un problema realmente grande en un momento en el que Houston se estaba ahogando con cientos de problemas más. Sabía que Don lo estaba pasando especialmente mal porque había sido muy buen amigo de Willie McCool, que había perecido en el accidente. Don había inventado un tablero de ajedrez para jugar en gravedad cero con piezas planas que se unían al tablero con velcro, y Don y Willie habían jugado una partida de ajedrez en el espacio, enviándose los movimientos por *email* desde la EEI al transbordador y viceversa.

Aunque la Oficina de Astronautas, el CCM y toda la NASA se estaban centrados en el accidente y sus repercusiones, también debíamos seguir apoyando a nuestros colegas de la EEI. Teníamos que averiguar cómo traerlos de vuelta a casa, asegurarles que les haríamos regresar a sus hogares y estar disponibles para respaldarlos a cada minuto hasta que los devolviéramos a su hogar.

Gran parte de ese trabajo recayó sobre el CAPCOM. Al final les hicimos regresar a la Tierra usando la astronave Soyuz de los rusos como barca salvavidas, pero en esos momentos no sabíamos si, cuándo o cómo iba a suceder. Por el momento estaban varados, desconectados y preocupados. Se me asignó ser su CAPCOM varias veces durante las semanas que permanecieron en órbita tras el accidente.

En términos generales, lo hice lo mejor que pude para contactar con ellos frecuentemente, haciéndoles saber en qué estábamos trabajando para apoyarlos y respondiendo a todas sus preguntas. Permanecí en línea con ellos, hablándoles, manteniéndolos al día de los sucesos en tierra, qué tal les estaba yendo a sus familias y los avances que estábamos haciendo para traerlos de vuelta a casa. Me aseguré de que supieran que, independientemente de lo que necesitaran estaríamos ahí a su lado. Si una respuesta tardaba más de un minuto o dos, les transmitía novedades para que supieran que no nos habíamos olvidado de ellos.

Pero, como comprendía la marcada sensación de aislamiento que tenían que estar sintiendo, también sabía que tenía que ir más allá de mi típico deber como CAPCOM. Me pasaba frecuentemente por casa de Don para ver qué tal le estaba yendo a Micki, su mujer, y a sus gemelos, para así ser un CAPCOM también para ellos. Una tarde me pasé por su casa y los recogí para ir a un campo abierto cercano para observar una pasada de la EEI. Mientras la estación se empezó a hacer visible, parecía como una estrella brillante que se movía rápidamente en el crepúsculo, justo antes de la puesta del Sol. Todos saludamos con la mano y gritamos a Dan desde la Tierra. Quería que supiera que sus amigos de la Oficina de Astronautas estábamos haciendo todo lo que podíamos para apoyar a su familia mientras él estaba pasando por unos momentos extremadamente difíciles.

Algunas semanas después me asignaron ser el CAPCOM para Don y Sox un sábado. Los sábados en la EEI eran, normalmente, una jornada para ponerse al día con el trabajo, limpiar la estación espacial y relajarse, que es, en gran medida, lo que los astronautas hacen los sábados cuando están en la Tierra: nos vamos a nuestro garaje y trabajamos en un proyecto de mejoras de nuestro hogar o nos entretenemos con una afición. Sabía que a Don y a Sox les encantaban los proyectos durante los fines de semana. Don era el tipo al que llamaba siempre que tenía un problema con algo mecánico en casa. Él reparó una fuga en mi aparato de aire acondicionado, me ayudó a arreglar un quemador de mi parilla e incluso ayudó a mi hijo con algunos toques finales de su coche de carreras de madera de los lobeznos de los Boy Scout.

Cuando aparecí en el puesto de CAPCOM ese sábado, pensé que un proyecto para la mejora del hogar sería exactamente lo adecuado para que Don y Sox se sintieran como si estuvieran de vuelta en casa. Un aparato de la EEI tenía programado su mantenimiento. No era algo demasiado importante. Creo que se trataba de un ventilador de refrigeración o algo así, pero en esa época nada parecía normal. Sabía que ésta era la tarea de mejora del hogar perfecta para mis amigos para una tarde de sábado. Así pues, les dije que iba a ayudarles a abordarla y avanzamos juntos por el procedimiento, desmontando el aparato, comprobándolo y recolocándolo. Durante todo el rato estuvimos bromeando sobre los sábados por la tarde que habíamos pasado en el garaje trabajando en distintos proyectos. Puedo afirmar que su moral se disparó hasta las nubes. Se lo estaban pasando genial. Ésta no era una tarea vital para la EEI ni un experimento que supusiera un gran avance para la ciencia espacial. Era, simplemente, algo para hacer que la vida pareciese normal y para hacerles olvidarse del aislamiento y las preocupaciones que tenían que haber estado sintiendo. Una vez que finalizaron la reparación y que el aparato estuvo funcionando de nuevo, Don y Sox se comunicaron por radio con el CCM y anunciaron que se sentían como si hubiesen pasado la tarde en su hogar, que se lo habían pasado de maravilla y que había sido una diversión fantástica.

Cuando Don y Sox regresaron a la Tierra, me dieron las gracias por mi apoyo y me dijeron cuánto lo habían valorado. Me dijeron que les había hecho sentir como si el centro de control, en Tierra, hubiera sido como una piña, y que estábamos pensando en ellos y respaldándolos. Les proporcionó confianza y evitó que se sintieran aislados en un momento de lo más difícil. Les di las gracias por sus amables palabras, y fue significativo escucharlas, pero me sorprendió un poco el nivel de gratitud por lo que yo sentía que era, simplemente, hacer mi trabajo. Sabía cuánto necesitaban Don Pettit y Ken Bowersox escuchar una voz tranquilizadora mientras estaban atrapados en la EEI. Seis años después, sería mi turno a la hora de quedarme atrapado, no en la EEI, sino en un problema que yo mismo había creado, e iba a necesitar una cuerda salvavidas de la Tierra para ayudarme a superarlo.

* * *

Los distintos instrumentos científicos que constituyen el telescopio espacial Hubble son modulares e independientes. Tienen que serlo. Están construidos de forma sólida para resistir los rigores del lanzamiento y del viaje espacial, lo que significa que no están diseñados para ser desmontados. En cada misión anterior para el mantenimiento del telescopio, si una pieza ya no funcionaba, independientemente de la causa, los astronautas simplemente extraían el componente existente y lo reemplazaban por uno nuevo. Llamamos a estas piezas unidades de recambio orbitales (o URO). Imagina que tuvieses una nevera y que la bombilla que hay en su interior se hubiera fundido, sólo que en lugar de sustituir la bombilla sustituyeras toda la nevera. Una tarea normal de retirada y sustitución implicaba desacoplar conectores y aflojar tornillos usando nuestras herramientas estándar, retirar la URO vieja, instalar la URO nueva y luego volver a apretar los tornillos y volver a acoplar los conectores. Así era como se hacía todo, e incluso eso suponía un buen reto. Llevar a cabo reparaciones de una maquinaria compleja vistiendo un traje espacial es como practicar la neurocirugía llevando puestos unos guantes de boxeo, y cualquier cosa más compleja que reemplazar un URO se consideraba que consumía demasiado tiempo y que era demasiado complicada.

Antes de la misión STS-125, la NASA nunca había intentado, y siquiera se lo había planteado, la reparación en el espacio de uno de los instrumentos del Hubble durante un paseo espacial. Desmontar la carcasa protectora externa de una URO para acceder a su interior se consideraba imposible. Incluso aunque pudieras llegar hasta las tripas del aparato, los componentes internos eran demasiado complicados y delicados como para manipularlos o reemplazarlos. Nunca se habían manipulado fuera del entorno de una sala blanca y requerían de herramientas de precisión y de una manipulación diestra bajo unas condiciones de buena iluminación con una postura corporal óptima. Ni siquiera nos planteamos trabajar con esas piezas bajo condiciones de iluminación pobre, una postura con limitaciones, una vista limitada debido al casco espacial y el volumen del traje espacial y sus guantes.

Entonces perdimos el espectrógrafo de imágenes del telescopio espacial (EITE) como resultado del fallo en su suministro de energía. El instrumento estaba perfectamente bien, pero no se encendía, lo que suponía un problema. El EITE es un aparato increíble que puede hacer mediciones en las longitudes de onda ultravioleta, visible e infrarroja. Tiene capacidades como la de buscar agujeros negros y analizar la atmósfera de planetas muy lejanos que orbitan alrededor de otras estrellas, en busca de un planeta similar a la Tierra en algún lugar. No sería una exageración decir que el EITE es una piedra angular en nuestra búsqueda de vida en el universo.

Lamentablemente, no se disponía de una pieza de repuesto ni de fondos para construir una. La sustitución estándar del módulo ni se planteaba, pero como el EITE era un instrumento tan importante, decidimos probar lo imposible. Empezamos intercambiando ideas con nuestro equipo de ingeniería para desarrollar un paseo espacial para desmontar el EITE en el espacio, retirarlo y reemplazar la fuente de energía, y hacerlo regresar a la vida. Implicaba crear más de cien herramientas nuevas. Llevó años diseñar, probar y construir las herramientas necesarias, además de planificar y practicar. Sería el paseo espacial más complicado y desafiante que se hubiera intentado, y fui elegido para ser el caminante espacial principal para la reparación.

Como el Programa del Transbordador Espacial ya se encontraba en el proceso de su desmantelamiento, todos sabíamos que ésta sería la última, la mejor y la única oportunidad para reparar el Hubble. Era a todo o nada, sin margen para el error. Entrené y estudié tan duro como pude, practicando cada paso una y otra vez. Nos preparamos para cualquier cosa que pudiera ir mal. Expusimos todas y cada una de las contingencias por cada pequeña cosa que pudiera no ir según los planes.

La parte más difícil de la tarea consistía en la retirada del panel de acceso que se encontraba enfrente del suministro de energía. Tenía 111 diminutos tornillos que lo mantenían en su sitio, cada uno de los cuales tenía una arandela y pegamento en la rosca para asegurarse de que nunca se aflojaría. No creo que nunca haya montado una estantería sin que se me cayera o sin perder un tornillo, pero en este caso, trabajando en gravedad cero con unos voluminosos guantes espaciales, ni siquiera podía permitir que un tornillo o una arandela se me escaparan. Si sucedía eso, podían flotar y acabar en la parte óptica del telescopio. Si sucedía eso, cada imagen que el Hubble capturara a partir de entonces incluiría el contorno de un tornillo: no hace falta ni decir que eso supondría un resultado inaceptable.

En cambio, la parte más sencilla de la reparación era la retirada de un pasamanos que los astronautas habían usado para instalar el instrumento en el telescopio años antes. Como el EITE nunca fue ideado para ser abierto, ese pasamanos estaba bloqueando el acceso a algunos de esos 111 diminutos tornillos. No obstante, retirar el pasamanos no era nada. Estaba unido al telescopio con cuatro grandes tornillos: dos en la parte superior y dos en la inferior, y todos ellos se podían sacar fácilmente con una herramienta eléctrica estándar. Sólo ocupaba una línea en la lista de comprobaciones: «Retirar los cuatro tornillos del pasamanos». Llevó menos de treinta segundos. Ni siquiera disponíamos de un plan de respaldo para eso. Era tan sencillo que incluso yo no podía fastidiarla… O eso creíamos.

Hace algunos años, después de irme de la NASA, recibí una llamada de la EEI del astronauta Drew Morgan (si resides, en EE. UU. y recibes alguna vez una llamada telefónica con un código de área 281 seguido de un prefijo 244, atiende la llamada. Podría proceder de la Estación Espacial Internacional). Drew estaba a punto de llevar a cabo un paseo espacial complicado para ocuparse del espectrómetro magnético alfa, y llamó para ver si yo tenía algún consejo basado en mi experiencia con el EITE: Le dije que, aunque podía ser que él estuviese preocupado por las partes más desafiantes del paseo espacial, *no debía*, en absoluto, subestimar ni ignorar lo que creyera que eran las partes fáciles. Las cosas fáciles también pueden plantear problemas, y merecen toda nuestra atención.

Le di a Drew ese consejo porque las cosas no fueron como habíamos planeado durante mi paseo para ocuparnos del EITE, y estaré eternamente agradecido porque mi CAPCOM ese día fue Dan Burbank, mi astronauta compañero de clase y uno de mis mejores amigos. Dan y yo hicimos migas de inmediato durante nuestra formación como CANAS. Él era, en mi opinión, uno de los mejores astronautas de nuestra clase y uno de los mejores que la NASA haya seleccionado nunca. Justo algunos meses después de que llegáramos a la NASA, a mi padre le diagnosticaron una leucemia, y fue al hospital a recibir tratamiento. Su tratamiento había dado un giro a peor y necesitaba donantes de glóbulos blancos. En esa época, se trataba de una donación peligrosa que podía afectar a la salud del donante. Yo, por supuesto, estaba dispuesto a donar para ayudar a mi padre, pero como los astronautas siempre estamos preocupados por nuestra salud, ya que podía afectar a nuestra elegibilidad para volar al espacio, ciertamente no esperaba que nadie más donara, pero Dan se presentó voluntario. Le hablé de los riesgos. Aunque eran pequeños, seguían estando ahí. Dan ni siquiera pestañeó. Simplemente me miró con una sonrisa comprensiva y dijo: «Muy bien, así que ¿cuándo vamos?». Esa tarde estábamos de camino al hospital, en el centro de Houston, para que nos extrajeran nuestros glóbulos blancos.

Sentí una curiosidad inmediata por lo que hacía que Dan fuese un tipo tan valiente y generoso en lo tocante a ayudar a otras personas. Algunos años después, obtuve mi respuesta. Antes de entrar en la NASA, Dan había sido piloto de helicóptero de la Guardia Costera, rescataba a gente en el mar y, frecuentemente, volaba hacia situaciones peligrosas para hacerlo, como sucede en *La tormenta perfecta: una historia real sobre la lucha del hombre contra el mar*, el libro superventas de Sebastian Junger, que se convirtió en una película *(La tormenta perfecta)* que fue un éxito de taquilla con George Clooney y Mark Wahlberg. La historia se centra principalmente en un barco de pesca comercial que estaba perdido en el mar, pero que, como relato secundario, explica la historia de un velero privado también atrapado en la tormenta. Mientras está intentando salvar ese velero, un helicóptero de rescate no puede repostar debido a la tormenta, y la tripulación tiene que abandonar la aeronave en el océano en plena noche, momento en el cual se envía a una segunda tripulación de un helicóptero a esa situación peligrosa para rescatar a la tripulación del primer helicóptero, lo que supone un extraordinario acto de valentía. Después de ver la película, fui a buscar a Dan a su oficina el lunes siguiente y le pregunté cómo de realista era el filme. Me explicó que la película era bastante fiel a la realidad, aunque se había tomado algunas libertades con respecto a la verdad. Dan mencionó que el segundo helicóptero se encontró con unas condiciones meteorológicas (un mar con unas olas de entre nueve y doce metros de altura y unos vientos que superaban los cien nudos) que eran demasiado duras como para desplegar a nadadores de rescate. El segundo helicóptero acabó ayudando a los héroes de la patrullera Tamaroa de la Guardia Costera con el rescate usando el foco reflector de la aeronave para iluminar la zona de rescate. Mientras estaba describiendo informalmente los detalles del rescate, me quedó claro que sabía mucho sobre lo que le había sucedido realmente a la gente implicada. Le pregunté cómo sabia tanto, y mencionó, humildemente, que *él* era el piloto de la Guardia Costera del segundo helicóptero que había volado hacia el peligro para ayudar a rescatar a la tripulación que había abandonado el primer helicóptero. Ése es Dan Burbank: una persona con la que podías contar en momentos de necesidad, un tipo que arriesgaría su propia vida para ayudar a otros.

En cualquier momento en el que Dan fue mi CAPCOM, me proporcionó un empujón extra de confianza. Independientemente de qué estuviera ahí fuera esperándome, tanto si se trataba de un problema mecánico con la reparación del Hubble o un problema potencialmente fatal con mi traje espacial, sabía que Dan estaría ahí en el CCM asegurándose de que todo estuviera bien; y el día en el que llegó el momento de la reparación del EITE, resultó que necesité a Dan mucho más de lo que nunca hubiera imaginado. No estaba perdido en el mar: estaba perdido en el espacio.

El paseo espacial para reparar el EITE resultó caer en domingo, que suele ser un día festivo para los ingenieros que trabajan con el Hubble, pero ese día no fue así. Si surgía cualquier tipo de problema, disponíamos de una cadena de comunicación establecida. Sentado al lado de Dan Burbank, en el centro de control de la misión, había dos personas muy distinguidas y fiables. La primera era nuestro director de vuelo,

Tony Ceccaci. Sentado frente a una consola, justo detrás de Dan y Tony, se encontraba nuestro instructor de AEV, Tomas Gonzalez-Torres. Respaldando a Tomas desde el centro de operaciones de la AEV en el Centro Espacial Johnson (CEJ) estaba Christy Hansen, otra de nuestras formidables instructoras de los paseos espaciales. En otro centro de control de «apoyo al Hubble» en el CCM en Houston estaba el Equipo de Respaldo del Mantenimiento del Hubble, dirigido por Jim Corbo, el administrador de sistemas del Hubble, que había volado desde el Centro de Vuelo Espacial Goddard, en el estado de Maryland. Además, apoyando a Jim Corbo desde el Centro de Vuelo Espacial Goddard estaba James Cooper, un ingeniero del Centro de Control de Operaciones del Telescopio Espacial, y Jeff Rodin, líder del Equipo Mecánico de Respuesta, que observaba desde una sala de conferencias desde en edificio 29 del Centro de Vuelo Espacial Goddard.

Era el mejor equipo que cualquier astronauta podía pedir, todos ellos listos con sus equipos por todo el país para apoyar nuestro paseo espacial una agradable tarde de domingo, y todos ellos eran invisibles para nosotros, en el espacio, excepto por nuestro CAPCOM, Dan Burbank. Tony Ceccaci, el director de vuelo, tomaría las aportaciones de todos y llegaría a una decisión final o una forma de proceder, pero sería Dan el que nos comunicaría esa decisión a nosotros, allá arriba en órbita. Hablaríamos directamente con Dan, y fue su voz y sólo su voz la que oiríamos en nuestros auriculares. Contábamos con él para que fuera nuestro enlace y nos consiguiera la ayuda que necesitábamos para estar a salvo y tener éxito.

El gran día, salí del compartimento estanco con mi compañero, Mike Good, *Bueno*. El pensamiento que albergaba en mi mente era que deseaba un día perfecto. ¿Has tenido alguna vez un día perfecto en el trabajo? Sin problemas, sin contratiempos, simplemente con el viento en popa.

Yo quería uno de esos días, y la jornada del paseo espacial empezó muy bien. Estábamos tan bien entrenados como cualquier tripulación que hubiera sido entrenada para un paseo espacial por el Hubble, y nuestros equipos en Tierra en Houston y el en Centro de Vuelo Espacial Goddard estaban completamente preparados y vigilando de cerca. Todo fue como la seda durante la primera hora, más o menos. Incluso íbamos por delante del horario programado. Un día perfecto en desarrollo.

Entonces llegó el momento de retirar el pasamanos. Acudimos a la lista de comprobación: «Retirar los cuatro tornillos del pasamanos». Era algo fácil. Tomé mi herramienta eléctrica y volví al trabajo. Los equipos del CEJ y del Centro de Vuelo Espacial Goddard estaban observando cada uno de mis movimientos desde la conexión procedente de la cámara de mi casco, y podían ver cómo mis manos estaban trabajando con la herramienta eléctrica. Los dos tornillos de la parte superior salieron fácilmente al igual que lo hizo el de la parte inferior izquierda, pero el de la parte inferior derecha me dio problemas. Por alguna razón, mi herramienta eléctrica no dejaba de girar y girar. «¡Vamos! –pensé–. Tengo cosas más importantes que hacer hoy». Pero mi herramienta eléctrica no dejaba de girar y, al cabo de un momento, pensé que sería mejor echar un vistazo más detallado a lo que estaba pasando.

El tornillo estaba en una posición baja, fuera de mi campo de visión, y yo tenía una mala visibilidad debido al tamaño de mi casco y la mala iluminación. Por lo tanto, me salí del punto de sujeción de mi pie y me desplacé hacia abajo, para echar un vistazo más de cerca. Cuando lo hice, vi lo que había hecho: había desgastado la cabeza del tornillo. Ya no tenía una forma hexagonal inmaculada, sino que estaba deformada y era inservible.

En ese momento, me inundó una cascada de realidades: ese tornillo no iba a salir, lo que significaba que el pasamanos no iba a salir, lo que quería decir que los 111 tornillos pequeños no iban a salir, lo que significaba que el EITE no iba a volver a la vida, lo que implicaba que los astrónomos nunca encontrarían vida en el universo, y que todo el mundo me culparía por siempre, ya que era culpa mía.

Me eché hacia atrás, como alejándome del telescopio, y miré hacia abajo, hacia la Tierra. Nos encontrábamos sobre el océano Pacifico y, mientras contemplaba esa magnífica masa de agua, no pude pensar en ninguna ferretería en la que pudiera conseguir ayuda. «¿Cómo podría alguien ayudarme a salir de ésta? –pensé–. Toda mi ayuda se encuentra ahí abajo». Un profundo sentimiento de soledad me golpeó. No era una soledad del estilo de una tarde de sábado en casa con un libro. Era más bien como una soledad en un primer día en un colegio en el que no tienes ningún amigo. Me sentía apartado de la Tierra, apartado del equipo que podía ayudarme. Conocía la reparación y el EITE hasta el último detalle, y sabía que no había solución para lo que había hecho. Disponíamos de procedimientos de respaldo, de las brocas de los taladros extractores de tornillos, y de brocas destructoras de las cabezas de los tornillos para los 111 tornillos pequeños. Si hubiera desgastado la cabeza de uno de esos tornillos, hubiésemos dispuesto de un recurso, pero… ¿desgastar la cabeza de uno de los tornillos grandes del pasamanos? No teníamos nada. Era tan sencillo que ningún astronauta podía fastidiarla. Ni siquiera yo. Lamentablemente, había demostrado que estábamos equivocados en cuanto a esa suposición.

Al cabo de segundos, supe que había llegado el momento de confesar lo que había hecho, de explicarle a todo el equipo lo que había sucedido. Cuando lo hice, la voz que me llegó fue la de Dan, perfectamente calmada y totalmente tranquilizadora:

—De acuerdo, ningún problema –dijo–. Vamos a ver qué podemos hacer para ayudar.

Durante la siguiente hora, más o menos, probamos cualquier cosa que se nos pudiera ocurrir. Dan nos mantuvo ocupados, y fue el tipo adecuado para conseguirlo. El padre de Dan era profesor de tecnología, y había transmitido sus conocimientos y habilidades en las reparaciones domésticas a su hijo, que los usó generosamente para echarme una mano. Me había ayudado dos veces a reparar agujeros en el techo de mi casa después de que hubiera estado caminando por la buhardilla y hubiese pisado, accidentalmente, donde no debía.

Por lo tanto, mientras Dan nos tranquilizaba, diciéndonos que en tierra estaban intentando dar con una solución, nos mantuvo entretenidos con sugerencias, como intentar usar distintas brocas en la punta de la herramienta eléctrica para intentar retirar la base del pasamanos; pero incluso con la orientación de Dan, nada estaba funcionando. Seguí deseando que Dan pudiera ser transportado por un rayo para estar ahí en órbita, con un conjunto de herramientas para ayudarme a solucionar mi error más reciente.

Mientras tanto, de vuelta a Houston, Jim Corbo se había retirado de la conversación en la habitación trasera de apoyo al Hubble para sopesar la situación, y finalmente se preguntó: «¿Qué harías tú si estuvieses en tu garaje?». Entones recordó que cuando la tecnología sofisticada falla, la fuerza bruta suele ser la mejor opción. Como el pasamanos estaba suelto en su parte superior y sólo quedaba un tornillo en la parte inferior, ¿por qué no partirlo?

Romper el pasamanos del Hubble no se me ocurrió ni a mí ni a mis compañeros de tripulación, ni a nadie en la habitación delantera del CCM, porque es algo que nunca nos entrenamos para hacer ni es algo que pensáramos en hacer en el espacio. Romper metal en el espacio es, normalmente, una mala idea. Puede generar restos que pueden colarse en el telescopio y dañar las ópticas; o peor todavía, podría golpearnos a Bueno o a mí y dañar nuestros trajes espaciales. Pese a ello, cuando alguien se enfrenta a una situación con pocas esperanzas, vale la pena tener en cuenta prácticamente cualquier cosa. Además, el tiempo avanzaba. Con los consumibles (refiriéndose al oxígeno, la energía eléctrica y la depuración del CO_2) en nuestros trajes agotándose lentamente, no podíamos estar en el exterior e identificando el problema y buscando una solución eternamente. Incluso aunque resolviéramos el problema del pasamanos, íbamos a seguir necesitando disponer de suficiente tiempo para completar la reparación, y ya estábamos rozando el límite.

Jim Corbo llamó a James Cooper, al Centro de Vuelo Espacial Goddard, y le transmitió su idea. Entonces, James llamó a Jeff Rodin, en el Edificio 29. A Jeff y a su equipo se les ocurrió un plan rápido después de recuperar un pasamanos similar de una sala blanca en el Centro de Vuelo Espacial Goddard y colocarlo con la misma configuración que teníamos en órbita: con tres tornillos extraídos, suelto por la parte superior y todavía con un tornillo en la parte inferior derecha del pasamanos. Entonces tiraron del extremo libre del pasamanos con una báscula de pesca. Justo cuando la báscula marcó los veintisiete kilos de fuerza, el pasamanos se quebró, se desprendió y salió volando. James Cooper entró en el circuito cerrado de comunicación y proporcionó los resultados a Jim Corbo, en el CEJ. Entonces, Jim le transmitió la información a Christy, en la habitación trasera de la AEV del CCM. Christy y Tomas hablaron entonces con Tony Ceccaci sobre ello. La decisión final era de Tony. Ninguna influencia desde encima o desde debajo podría desautorizarle ni tomar la decisión por él; pero

118

Tony conocía a su equipo y nuestras aptitudes muy bien. Él sabía lo que yo podía hacer en una situación estresante y aprobó el plan.

Lo primero que oí al respecto procedió de Dan.

—Massimino –dijo–, creo que tenemos algo.

Pude adivinar que tenía algo bueno que decirnos por el tono de su voz, emocionado pero lleno de confianza. Entonces me dijo a mí y a mis compañeros de tripulación lo que estaban sopesando, como si me estuviera exponiendo un plan para renovar la instalación eléctrica de mi cocina (cosa con la que, casualmente, me había ayudado). Dan entonces me expuso el plan, explicándome en mayor detalle que Bueno y yo debíamos envolver la parte inferior del pasamanos lo mejor posible con cinta Kapton (una cinta adhesiva electrostática), que retendría los restos que seguramente se generarían con la rotura. Debía dar algunos tirones en la parte superior para aflojar el tornillo un poco, y la fuerza final necesaria debería ser de veintisiete kilos lineales en la parte superior del pasamanos.

—Dan –dije–, eso parece una buena idea.

Con la ayuda de Bueno, apliqué cinta adhesiva al pasamanos lo mejor que pude. Éramos como dos *boy scouts* atando nudos juntos. Entonces informamos de que estábamos listos. En ese momento, y pese que Dan estaba a un mundo de distancia, sentí como si estuviera ahí conmigo, igual que cuando trabajábamos en mi garaje.

Dan habló por el comunicador:

—Atlantis, Houston, no disponemos de vídeo en este preciso momento, pero estamos listos.

Eso significaba que el CCM no podría ver las imágenes retransmitidas por las cámaras de mi casco mientras intentaba arrancar el pasamanos; pero quizás fuese algo bueno. «Por lo menos no se pondrán nerviosos viéndolo todo», pensé.

—De acuerdo –dije–, allá vamos.

Le di al pasamanos un par de tirones hasta que sentí que el tornillo empezaba a ceder. Entonces di un último tirón fuerte y... se rompió.

—¡Se ha desprendido! –exclamé, antes de añadir más tranquilamente –. Bolsa de basura, por favor.

La bolsa era necesaria para guardar el pasamanos para su viaje de vuelta a la Tierra. Bueno estuvo más que feliz de pasarme la bolsa, tomar el pasamanos y guardarlo para su almacenamiento, ahora que ya no suponía un obstáculo para nuestro éxito ese día. Estaba muy agradecido por disponer de una segunda oportunidad.

La voz de Dan volvió a llegarnos por la radio:

—Eso son noticias geniales —dijo—. Regresemos a nuestro plan normal programado.

El resto de la reparación fue bien, y mi compañero estuvo ahí, en cada paso del proceso. Podía adivinar que estaba muy feliz de que se nos hubiera ocurrido una solución y que ahora pudiéramos continuar. Tuve especial cuidado de no romper nada más, devolvimos a la vida al EITE y el Hubble pudo desvelar más misterios del universo.

Me había recuperado de mi error, pero no podría haberlo hecho sin Dan Burbank. Disponer de su apoyo marcó, para mí, toda la diferencia del mundo ese día. Fue algo más que, simplemente, que él me proporcionara los pasos y la información técnica que necesitaba. Era saber que uno de los mejores astronautas del planeta y uno de mis mejores amigos haría todo lo que estuviera en su mano para asegurarse de que tuviéramos éxito. Dan nunca pareció sentir pánico, estar decepcionado ni frustrado. Más adelante sabría lo agitado y frenético que se había puesto todo entre bambalinas en el CCM y en el Centro de Vuelo Espacial Goddard, pero Dan conservó la calma y nos hizo creer que todo iría bien. Mantuvo nuestra moral alta y me hizo sentir esperanzado de que se encontraría una solución, sin señalar a nadie ni sonando pesimista. Su entusiasmo, su actitud optimista frente a la vida y su dedicación a su trabajo como CAPCOM me hicieron superar el problema más desafiante y difícil de mi carrera como astronauta. Cuando más le necesité, estuvo ahí a mi lado. Estaré eternamente agradecido de que Dan fuera mi cuerda salvavidas ese día en el CCM.

Es fácil sentirse solo en el espacio, incomunicado, como si nadie estuviera pensando en ti. Puede que eso parezca improbable, dado que los astronautas están rodeados de compañeros de tripulación en una cabina pequeña y que hay cientos de personas en tierra observando todos y cada uno de tus movimientos; pero los humanos somos humanos, y frecuentemente sentimos que hemos sido olvidados, tanto si es así como si no, lo que hace que el trabajo del CAPCOM sea tan importante.

Creo que la pandemia de la COVID, especialmente esos primeros meses muy solitarios, proporcionaron a todos una sensación de lo que puede sentirse cuando estás a unos 560 kilómetros de los otros 8000 millones de personas a los que estás acostumbrado a tener cerca. Pese a que ya dejamos atrás lo peor de la COVID, muchos de nosotros seguimos rotos en pedazos y aislados de formas en las que no lo habíamos estado antes, dependiendo de que comunicaciones a veces entrecortadas funcionen para comunicarnos remotamente con nuestros colegas por todo el mundo. Debemos recordar que, pese a que no podamos ver a nuestros compañeros de equipo ni estar físicamente con ellos, siguen estando a nuestro lado si los necesitamos. Lo que es igual de importante es que nosotros seguimos ahí a su lado si ellos nos necesitan.

Esto también pone de relieve la importancia de llegar a conocer de verdad a nuestros colegas fuera de línea y en persona. Dan Burbank se convirtió en uno de mis mejores amigos gracias a muchas horas muertas trabajando en proyectos o simplemente pasando tiempo y cenando juntos. Pasé horas con Tony Ceccaci y con los distintos ingenieros del Hubble en diferentes entrenamientos y ejercicios para fomentar el espíritu de equipo. Se necesitan esas horas juntos para desarrollar una relación, para llegar a conocer las fortalezas y debilidades los unos de los otros, y para aprender cómo ayudarse mutuamente a ser exitosos. Tener esas relaciones asentadas antes de que surja una crisis puede ser genial cuando la toma de una decisión y la resolución de un problema urgentes sean necesarias. La comunicación virtual a largas distancias supone una revolución y puede salvar vidas de muchas formas, pero sólo funciona como complemento a una base desarrollada gracias al tiempo invertido.

En el caso de los astronautas, el CAPCOM y el CCM siempre están a una llamada de distancia. En nuestra vida cotidiana en la Tierra, necesitamos identificar nuestro propio Houston, la gente que puede desempeñar ese papel para nosotros y a quienes podemos ayudar en justa correspondencia. Sé esa persona en el trabajo a quien la gente pueda acudir con una pregunta que nadie más sepa responder. Sé el amigo al que la gente pueda recurrir cuando necesite un favor o simplemente alguien con quien hablar. Sé la pareja que pueda consolar a su media naranja cuando se produzcan decepciones. Sé el progenitor al que tu hijo pueda acudir siempre en lo tocante a una decisión importante o un problema. No son cosas fáciles de hacer, pero al igual que nosotros necesitamos un CAPCOM en momentos de necesidad, otras personas en nuestra vida necesitan que nosotros hagamos eso por ellas.

No toda la gente del mundo va al espacio, pero todos tenemos momentos en nuestra vida en los que podemos sentirnos tan solos y aislados como nos sentimos en órbita. Todos tenemos momentos en los que nos sentimos a la deriva y perdidos. Así que si te encuentras en esa situación, o si alguien en tu vida se halla en esa tesitura, aquí tienes las cosas que hay que recordar:

- No estás solo. Identifica a la persona que puede ayudarte y acude a ella. Piensa en ella como si fuera tu Centro de Control de la Misión.
- Cuando sospeches que alguien en tu vida profesional o personal quizás esté pasando por un momento difícil en el trabajo o en casa, estate pendiente de él. Sé su CAPCOM.
- Incluso aunque no haya una crisis, tiéndele la mano a la gente de la que te sientas responsable. Comprueba qué tal les están yendo las cosas. Hazles saber que estás ahí para ellos si alguna vez te necesitan; que estás, como decimos en el sector del espacio, «a su disposición».
- Cuando cualquiera acuda a ti, ya se trate de un cliente, un colega o un ser querido, hazle saber que es una prioridad y que no es una imposición. Asegúrale que no está solo con este problema y que estarás a su lado hasta que lo resolváis juntos.

La vida es dura, pero se vuelve mucho más fácil si dispones de una cuerda salvavidas. Nunca temas recurrir a un amigo o un compañero de trabajo y decirle: «Houston, tengo un problema»; aunque no tienes por qué llamarle «Houston» si crees que eso puede sonar extravagante.

LA NORMA DE LOS TREINTA SEGUNDOS

VAS A COMETER ERRORES.
APRENDE CÓMO LIDIAR CON ELLOS

Cuando era un niño de seis años y veía a Neil Armstrong dando esos primeros pasos en la Luna, no me enamoré de la idea de ser astronauta sólo porque quisiera ir al espacio. Ciertamente, ir al espacio parecía divertido, pero también quería ser como Armstrong, Alan Shepard, John Glenn y el resto de esos astronautas. Quería ser una de esas personas. Quería pertenecer a su club, porque parecía un club realmente genial al que pertenecer. Esa actitud me dejó con una buena dosis de lo que podrías llamar adoración a los héroes. Cada vez que conocía a uno de mis ídolos del programa espacial, volvía a ser ese niño de seis años. Eso era bueno, ya que me proporcionaba un manantial prácticamente inagotable de entusiasmo que me ayudaba a seguir en la que habría sido una trayectoria profesional muy ardua; pero era algo no tan bueno en el sentido de que me proporcionaba una sensación distorsionada sobre quiénes eran estas personas. Los astronautas no son más que seres humanos. En realidad, y ciertamente, son seres humanos geniales, pero seres humanos después de todo, y todos los seres humanos cometen errores. Sin embargo, yo no los veía así. Yo los consideraba míticos. Los ponía en un pedestal y, por definición, en cualquier momento en el que pones a alguien en un pedestal, te estás situando en una posición inferior a ellos. Para mí, estos tipos eran perfectos, y yo no. Ellos estaban hechos de la pasta adecuada, y quizás yo no. Puede que ésa fuera la razón por la cual (tal y como he dicho antes), durante un par de años, dejé de lado mi sueño del espacio.

Una vez que decidí ir a por él (siendo consciente de que uno entre un millón no es cero), experimenté una buena ración de fracasos, y estoy hablando de algunos verdaderos desastres. Cuando presenté mi solicitud al MIT para la escuela de posgrado, la presenté en el departamento equivocado. Creyendo que estaba presentando mi solicitud para el Programa de Tecnología y Políticas en la Facultad de Ingeniería, presenté inadvertidamente mi solicitud para el Programa de Ciencia, Tecnología y Sociedad en el departamento de Ciencias Políticas. Fue sólo después de que apareciera *en la escuela de posgrado equivocada* cuando pudieron solucionar el error. Afortunadamente, pudieron transferirme a la escuela de posgrado correcta.

Entonces, habiendo entrado por los pelos en la escuela de posgrado, casi no salgo vivo. La primera vez que hice el examen de aptitud para mi doctorado, lo hice tan mal que mi tutor se sentó conmigo después y me dijo: «Quizás no estés hecho para esto». Quedé tan desmoralizado que estuve realmente cerca de renunciar a conseguir mi doctorado. Cuando fui a obtener mi licencia de piloto privado, también suspendí en mi primer rumbo tras un aterrizaje abortado. Me perdí. En el cielo.

Uno de los mayores panzazos de mi carrera fue un panzazo literal. Acababa de unirme a la NASA y me habían enviado a mí y a todos los otros astronautas novatos a la Instalación Aérea Naval de Pensacola, en Florida, para el entrenamiento de supervivencia en el agua, que incluía aprender paravelismo. Nos metieron a todos en una barca que tenía una gran plataforma en la parte posterior, a bastante altura del agua. Entonces nos llevaron al golfo de México y, uno por uno, nos engancharon a una soga de remolque tirada por una lancha motora. Ésta iniciaba su marcha y sentías el tirón de la soga, y empezabas a correr, tu paracaídas se henchía e iniciabas tu vuelo. Yo estaba nervioso porque estábamos a una gran altura, la distancia hasta la superficie del mar era importante y, como he comentado anteriormente, no era el mejor nadador.

La astronauta que fue antes de mí era Stephanie Wilson. Stephanie pesaba quizás unos cuarenta y cinco kilos. Salió disparada corriendo, saltó del borde de la plataforma y salió volando como un pájaro. Entonces llegó mi turno. Me engancharon a un arnés. Sentí la soga tirando de mí y salí corriendo. Cuando llegué al borde de la plataforma, salté lo más alto que pude y… no volé como un pájaro. Me desplomé como una roca. Descendí unos ocho metros en línea recta, contra el agua: ¡PUM! Entonces la soga se tensó, y mi arnés tiró de mí, me vi arrastrado por el agua a una velocidad que parecía ser de ciento treinta kilómetros por hora. Mi chaleco salvavidas explotó como un globo y mi paracaídas se llenó de agua, y me quedé agitando brazos y piernas y respirando con dificultad en el golfo de México. Afortunadamente, me sacaron del agua, el médico me echo un vistazo y para allá que fui para volver a intentarlo. Mi segundo intento fue más exitoso y todo salió bien.

La idea que quiero transmitir es que he cometido errores. Muchos. Todos los cometemos, pero a nadie le gusta admitirlos. La mayoría de los errores se ven seguidos de inmediato por algún tipo de negación. Tal y como he comentado anteriormente, admitir lo errores para evitar que otros los repitan o sufran las consecuencias de tus fallos tiene una importancia fundamental. Sin embargo, rara vez queremos reconocer ante otras personas, o incluso ante nosotros mismos, que algo ha ido mal. Avanzamos haciendo ver que todo está bien. Pienso que las razones de eso son bastante obvias. Nadie quiere que le consideren un fracaso. Nadie quiere que le consideren responsable por fastidiar algo grande o arruinar un proyecto importante. Ese rasgo puede ponerse de manifiesto de distintas formas dependiendo de tu personalidad. Algunas personas son tan arrogantes que su sentimiento de negación engloba toda su identidad. Simplemente no pueden aceptar que hayan hecho algo mal, nunca. Todo es siempre culpa de alguien más. Otras personas siguen un camino distinto: intentan negar sus errores debido a sentimientos de inseguridad o inferioridad, debido al miedo a quedar expuestos como un impostor que no encaja.

Cuando no negamos nuestros errores, frecuentemente nos mortificamos por ellos. Nos obsesionamos con ellos. Les damos vueltas. Nos permitimos vernos consumidos por el remordimiento, sin hacer más que volver a reproducir los sucesos en nuestra mente, analizando todas las cosas que desearíamos haber hecho de forma distinta. Se trata de un mecanismo de evasión. Al obsesionarnos con los errores del pasado, nos proporcionamos una excusa para no implicarnos en el futuro y aprender de esos errores. Si no tienes cuidado, puedes permitir que un único remordimiento se convierta en la excusa que haga descarrilar el resto de tu vida.

En realidad, siempre he sido más bien alguien que da vueltas a las cosas que un negacionista. Puedo machacarme de verdad cuando quiero. Me quedo atascado en el interior de mi mente, diciendo: «Muchacho, la has fastidiado de verdad con eso» una y otra vez. Cuando era más joven, como cuando suspendí mi examen de acceso a la escuela de posgrado, me quedaba atorado machacándome durante una semana, o a veces más tiempo, cosa que no es buena, porque: (1) no se consigue nada, y (2) es una semana que nunca recuperarás.

No hace falta decir que cuando estás en el espacio, no puedes perder una semana. Cuando cada paso que das es un asunto de vida o muerte, no dispones de tiempo para darles vueltas a tus errores y no te puedes permitir el lujo de regodearte en los lamentos; pero tampoco puedes, simplemente, desestimar e ignorar tus fallos, porque, tal y como comentamos en el capítulo 3, eso puede dar lugar a unos resultados potencialmente fatales.

Al final del día, cualquier persona u organización exitosa tiene que intentar: (1) implementar sistemas para evitar que se produzcan errores, y (2) disponer de sistemas para ocuparse de ellos cuando se produzcan, porque se producirán, inevitablemente. La NASA, con todas sus comprobaciones y protocolos de seguridad, es muy buena en ambos aspectos. El eslabón más débil suele ser el factor humano: el astronauta o el ingeniero que no puede mirar más allá de su propia cabeza porque está lidiando con sus propios asuntos personales. Para mí, convertirme en un caminante espacial significaba aprender a enfrentarme a este problema de darle vueltas a las cosas y machacarme durante días.

Cuando ya llevaba cuatro años en la NASA, no mucho después de haber empezado el entrenamiento para convertirme en caminante espacial, la dirección de la NASA anunció que una de las próximas misiones consistiría en un viaje de regreso al telescopio espacial Hubble para llevar a cabo algunas revisiones y reparaciones necesarias. Ningún novato había paseado antes por el espacio, en el Hubble, pero para este viaje, de los cuatro caminantes espaciales elegidos para la misión, uno iba ser un novato. Quería esa plaza, y supe que mis jefes estarían vigilándome detenidamente. En mi cabeza, todo lo que hice a partir de ese momento iba a ser mi mejor *casting* para conseguir volar hasta el Hubble. Estaba muy nervioso y quería hacerlo lo mejor posible.

Los paseos espaciales suponen un desafío. No consisten simplemente en flotar de un lado a otro y de disfrutar de las vistas. Estás llevando a cabo una tarea muy técnica mientras no sientes el peso, embutido dentro de un traje espacial voluminoso, presurizado y con una mala visibilidad. Estás sometido a unas limitaciones de tiempo imposibles, y cada cosa que haces es evaluada minuto a minuto por un equipo de expertos que te están observando como si fueras su futuro yerno.

Durante una sesión de entrenamiento en el LFN que formaba parte de mi *casting*, estaba intentando mostrar que era realmente bueno con el traje puesto y que podía hacer todo lo que necesitaran que hiciera, pero no estaba familiarizado con las herramientas ni con el entorno. Estaba desplazándome a lo largo de un pasamanos, ascendiendo por el telescopio ayudándome con las manos y pensando: «Mira qué bueno que soy…» y entonces… *¡PUM!* Mi casco golpeó un pasador de muñón, un trozo de metal que sobresalía del cuerpo del telescopio y que se había usado para fijarlo al muelle de carga del transbordador espacial cuando fue lanzado por primera vez.

Eso ya fue lo suficientemente embarazoso. Luego, después de que una submarinista de seguridad nadara para acercarse y ver si estaba bien, vio que tenía una grieta en mi visor. Pidieron un tiempo muerto, me sacaron de la piscina y toda la costosa sesión de entrenamiento se dejó en pausa. El tiempo y el dinero de todos estaban yéndose por el desagüe, de modo que pudiéramos estar ahí sentados y averiguando «De acuerdo, ¿hasta qué punto la ha fastidiado Massimino?». Afortunadamente, no la había fastidiado tanto. Había agrietado la cubierta externa de plástico del visor, pero no había arañado ni dañado el vidrio que había debajo. Por lo tanto, pese a que el visor debería ser reemplazado, el entrenamiento podría continuar tal y como estaba planeado. Pese a ello, me sentí como un fracasado. Ahí estaba yo, intentando impresionar a la gente en mi prueba para jugar en las grandes ligas, y yo había ido y hecho este movimiento estúpido.

John Grunsfeld, nuestro caminante espacial más experimentado en el Hubble, me estaba ayudando con la sesión de entrenamiento, y se acercó para ayudar a valorar los daños. Viendo lo mucho que me estaba machacando a mí mismo, John se arrodilló al lado de la piscina y me ofreció una gran sonrisa y levantó los pulgares. «No pasa nada –dijo–. Olvídate de ello y vuelve a la piscina. Lo estás haciendo genial. Simplemente ten cuidado». Pero yo tenía problemas para olvidarme de ello. Me molestaba haber sido tan descuidado. Me sentía fatal por hacer perder el tiempo a todo el mundo y por haber dañado el material, y permití que eso afectara a mi desempeño durante el resto de la sesión de entrenamiento. Mi mente seguía dándole vueltas a lo que había pasado, lo que significaba que no estaba completamente concentrado en la tarea que tenía entre manos. También pasé de ser demasiado despreocupado a ser excesivamente precavido, lo que me ralentizó y afectó a todo el ejercicio.

Agrietar ese casco no fue el primer error que cometí en la NASA, y tampoco fue el último. A lo largo del tiempo oí a más y más astronautas proporcionarme alguna variante de lo que Grunsfeld me había dicho: «Olvídate de ello. Déjalo atrás. Sigue adelante. Ya está bien». Es el tipo de consejo que puede suponer una útil patada en el trasero para aquéllos de nosotros que les damos vueltas a las cosas y nos lamentamos, pero en realidad no te hace llegar demasiado lejos. El mero hecho de decirle a alguien que siga adelante no le dice *cómo* seguir adelante, porque los sentimientos de lamento siguen ahí. Acuden a ti tanto si los quieres como si no, ¿así que dónde los metes y cómo los procesas?

No aprendí a hacerlo hasta que Megan McArthur, mi compañera de tripulación, me habló de la norma de los treinta segundos, que dijo que había aprendido de otro colega nuestro, el astronauta y piloto de pruebas del Cuerpo de Marines de EE. UU. Rick *CJ* Sturckow. La norma de los treinta segundos de CJ era la siguiente: «Permítete treinta segundos de remordimiento». La norma de los treinta segundos, tal y como la he adaptado a mi vida, es la siguiente: Cuando cometas un error, proporciónate treinta segundos de remordimiento. Tómate una pausa. Siéntete fatal. Regáñate. Machácate. Dite todas las cosas horribles que quieras decirte: sólo que, ya sabes, hazlo en silencio, dentro de tu cabeza, para así no asustar a la gente sentada a tu lado.

El remordimiento es natural. La decepción es natural. No es sano reprimir esos sentimientos o negar su existencia. Debes permitirte tenerlos, pero redúcelos a treinta segundos. A partir de ahí habrá llegado el momento de seguir adelante. Después de tu bronca de treinta segundos, déjalo ir. Deja el lamento en el pasado, ya que no te ayudará en el futuro. Ha llegado el momento de avanzar con la tarea que tienes entre manos y con la misión en general. Tu equipo te necesita completamente implicado y de vuelta a la acción para que ayudes a resolver el problema que sea que estéis abordando.

Aprender esa lección de Megan McArthur fue también especialmente importante para mí. Megan era una de esas astronautas que tenía en un pedestal. La habían aceptado en el Programa de Astronautas en su primer intento, cuando sólo tenía veintiocho años, cosa prácticamente inaudita. La NASA la eligió incluso antes de que completara su doctorado: así de interesados estaban en ella. Megan es brillante, competente y trabajar con ella es genial. Es el tipo de persona a la que miras y dices: «Nunca seré capaz de hacer lo que ella hace. Es perfecta». Pero no es perfecta. Simplemente ha dado con las mejores herramientas para gestionar sus imperfecciones, y la norma de los treinta segundos es una de ellas. Una vez que me la enseñó, mejoré mucho afrontando mis errores y avanzando tras haberlos cometido. No iba a perder una semana, o ni siquiera un día, cuando la fastidiara con algo. Y eso era algo bueno, porque mi siguiente gran error no fue romper mi visor en el LFN durante una sesión de entrenamiento, sino romper el telescopio espacial Hubble, muy lejos, en el vacío insondable del espacio.

A pesar del embrollo causado con mi visor en el LFN, fui elegido para ser el primer novato para un paseo espacial en el Hubble en la misión STS-109 en 2003. Esos paseos espaciales fueron bien. No tuvimos ningún problema importante mientras estábamos trabajando en el exterior del transbordador espacial. No fue hasta mi siguiente vuelo, la misión STS-125, cuando la fastidié de verdad: desgastando la cabeza del tornillo del pasamanos en un intento por reparar el espectrógrafo de imágenes del telescopio espacial Hubble, tal y como se describía en detalle en el capítulo anterior. Después de informar de lo que había hecho al centro de control de la misión en Houston, y mientras ellos se esforzaban por solucionar mi metedura de pata, me vi golpeado por un tsunami de vergüenza, culpabilidad, incredulidad y remordimiento. Rara vez nos sentimos más solos que cuando la fastidiamos. Eso nos deja aislados y expuestos. Ya es suficientemente malo cuando eso sucede en la Tierra, así que ahora imagina cuando pasa a unos 560 kilómetros de distancia, allá arriba en el espacio. Me sentí mal. Había desperdiciado años de planificación y dedicación por parte de todo el equipo del Hubble. Había tirado millones de dólares de los contribuyentes por el retrete. Mis hijos pasarían ahora por la vida como los hijos cuyo padre rompió el telescopio espacial Hubble. Ése sería mi legado.

El pensamiento predominante en mi mente era que necesitaba una máquina del tiempo. Todo lo que necesitaba era retroceder en el tiempo. Todo lo que necesitaba era una segunda oportunidad. Por supuesto, una vez que te encuentras pensando de esa forma, ha llegado el momento en el que el remordimiento ha empezado a trabajar en tu contra.

El tiempo sólo avanza y carece de sentido quedarse sentado y desear lo imposible. Una vez que empiezas a desear una segunda oportunidad es cuando sabes que ha llegado el momento de avanzar.

Afortunadamente, sabía cómo hacerlo. Puede que no hubiéramos dispuesto de un plan de respaldo para ocuparnos del tornillo con la cabeza desgastada del pasamanos, pero mientras mi equipo en Tierra barajaba opciones para solucionarlo, yo disponía de la norma de los treinta segundos para ocuparme de mí mismo. Me detuve, eché un vistazo hacia abajo, hacia la Tierra, me marqué un temporizador mental de treinta segundos e inicié mi lamento. Durante treinta segundos lo dejé salir todo.

Me molí a palos. «Mike, ¡idiota, imbécil! ¿Cómo has podido fastidiarla con algo tan sencillo? ¿Por qué no has pensado en este problema antes de la misión? Estabas yendo deprisa con la parte fácil porque te has obsesionado demasiado con lo que pensabas que era la parte más difícil», etcétera. Entonces, una vez que pasaron los treinta segundos, lo dejé ir todo. Dispuse de mi propio regodeo en la autocompasión, y ahora había llegado el momento de dejar mi error en el pasado y ser un buen compañero de equipo y ayudar a dar con una solución. Se nos ocurrió que arrancar el pasamanos podía funcionar, como así fue, y el resto del paseo espacial transcurrió según lo planeado. El EITE regresó a la vida y la búsqueda de vida en el universo prosiguió.

* * *

Cada día, en nuestra vida profesional y en nuestra vida personal, se nos proporcionan oportunidades para cometer errores. No queremos cometerlos, pero no importa cuánto nos preparemos y lo mucho que intentemos ser perfectos: son inevitables. Los errores por los que solía mortificarme fueron, de hecho, una parte muy importante de mi formación como astronauta, ya que cometerlos me enseñó cómo recuperarme tras hacerlo.

Aprendí que ningún error es insalvable, pero que una mala respuesta ante un error puede resultar fatal. Cuando la fastidies y te encuentres con que te sientes fatal por ello, recuerda la norma de los treinta segundos: machácate. Permítete recibir el castigo. Regodéate en tu remordimiento, pero limítalo todo a treinta segundos. Luego, independientemente de lo difícil que resulte, déjalo en el pasado y sigue adelante. Concéntrate en lo que tienes por delante y en lo que puedes hacer para ayudar. Intenta mantener una mentalidad positiva, independientemente de lo mucho que la hayas fastidiado, y date una oportunidad para la redención.

Así pues, ¿cuál es una buena forma de emplear esos treinta segundos? Aquí tenemos mis recomendaciones:

- Insúltate. Yo suelo usar «¡Soy tan estúpido!», o «¡Menudo idiota! ¿Cómo has podido hacer eso?». «Cabeza hueca» también funciona.
- Identifica el lamento, de forma que sepas exactamente por qué estás enfadado, en lugar de estar enojado por todo. «Tenía que haber pensado más detenidamente en nuestro plan», o «Debería haber comprobado la situación en mayor detalle antes de actuar», o «¿Por qué no he pensado en las consecuencias antes de hacer eso?».
- A medida que salgas del remordimiento, date una buena patada en el trasero, de modo que no permitas que eso suceda otra vez.

«Si salgo de esta, tendré más cuidado en el futuro para no cometer ese error de nuevo».

¡Y ya está! Los treinta segundos de lamento ya han pasado. Deja ese error en el pasado y avanza, porque tu equipo te va a necesitar para ayudar a resolver el problema que acabas de generar.

SORPRÉNDETE

EL UNIVERSO ES UN LUGAR INCREÍBLE. DEJA LO QUE ESTÉS HACIENDO Y MIRA A TU ALREDEDOR

El astronauta John Young fue uno de mis héroes de infancia. Puede que sea el astronauta más consumado de la historia. Puede que algunos astronautas sean más famosos, pero el que tiene un currículum fenomenal es John Young. Voló al espacio seis veces. Le seleccionaron para formar parte de la segunda promoción de astronautas, después de los tipos que formaron parte del programa espacial Mercury, y le eligieron para formar parte del primer vuelo del programa espacial Gemini, pasando por delante de sus compañeros de curso. Voló a la Luna en la misión Apolo 10, y luego paseó sobre la Luna en la misión Apolo 16. Después de eso, fue escogido como el primer comandante del transbordador espacial, y fue la primera persona en hacerlo aterrizar tras su primera misión en el espacio. Cuando me seleccionaron para convertirme en astronauta en 1996, él seguía siendo un astronauta en activo. El día en el que aparecí por la NASA no podía creerme que estuviera trabajando en la misma oficina y compartiendo el mismo empleo que uno de mis grandes ídolos.

John, que era un piloto de pruebas experimentado, también seguía volando en nuestro avión de entrenamiento T-38, por lo que una tarde, durante mis primeras semanas en la NASA, asomé la cabeza por su oficina y le pregunté que si alguna vez buscaba un copiloto me sentiría honrado de volar con él.

«Claro, Mike –me respondió con su lenta pronunciación sureña–. Puedes estar seguro. Iremos a volar pronto».

Fiel a su palabra, algunos días después John me pidió que volara con él hasta el Centro de Investigación Ames de la NASA, en Moffett Field (California). Se dirigía allí para entrenar en el simulador de movimiento vertical. El vuelo duraría un día: despegaríamos de Houston a primera hora de la mañana, con paradas para repostar en El Paso y Las Vegas, aterrizaríamos en Moffett Field para recibir algunas horas de entrenamiento y luego repetiríamos toda la secuencia al revés para regresar a Houston por la noche. Me esperaba todo un día en el cielo con mi héroe. ¿Qué podría ser mejor?

Como el T-38 es un avión pequeño para sólo dos tripulantes aéreos, la experiencia de vuelo es muy íntima. Excepto por el control del tráfico aéreo, disponía de toda la atención de John. No hablamos mucho durante el vuelo de ida ni mientras estábamos comprobando el simulador de movimiento vertical, pero después de haber llevado a cabo la mayor parte de nuestro trabajo, John se relajó en el camino de vuelta. Me empezó a explicar historias: los relatos más *increíbles*. Me habló del proceso de selección de los astronautas en los primeros tiempos: como no tenían ni idea de cómo serían las condiciones en el espacio, se llevaron a cabo unas raras y ridículas «pruebas médicas», como introducir las manos en agua helada hasta no poder resistir el dolor. Me habló de cómo había conocido a celebridades, presidentes y otras leyendas de los inicios del programa espacial, como Neil Armstrong, Jim Lovell y Ed White, que fue el primer estadounidense que paseó por el espacio y que posteriormente falleció trágicamente en la plataforma de lanzamiento en el incendio del Apolo 1 junto con los astronautas Gus Grissom y Roger Chaffee.

Escuchar a una leyenda como John Young explicar historias sobre el espacio era como si Moisés te legara las tablas de piedra que contenían la sabiduría de Dios. Me quedé simplemente sentado ahí, en el asiento trasero, durante horas, pendiente de cada una de sus palabras. Luego, hacia el final del día, mientras el Sol se ponía por el horizonte de Nuevo México durante nuestra última escala antes de llegar a Houston, junté el valor para hacerle a mi héroe la pregunta definitiva. Era lo que llevaba toda la vida queriendo saber desde que vi a Neil Armstrong dar un gran paso para la humanidad casi treinta años antes.

—John —dije—, ¿cómo fue la experiencia en la Luna?

Estaba prácticamente temblando de la emoción, preguntándome qué diría, qué poesía y sabiduría iba a impartirme. Quizás dijera algo así como: «Mike, fue una desolación magnífica», o «Mike, me di cuenta de que me encontraba en un lugar sagrado, un lugar en el que nada había cambiado desde hace millones de años». O quizás: «Mike, podía mirar por encima de mi hombro y ver el planeta Tierra, y era tan pequeño que podía taparlo con mi pulgar, y nunca me he sentido tan insignificante».

Pero no dijo nada como eso en absoluto. En lugar de eso, después de que le preguntara cómo había sido la experiencia en la Luna, dijo, sin dudarlo ni un segundo:

—Bueno, te diré, Mike, que lo mejor de ello fue que por fin podías cagar.

—¡¿Qué?! —le respondí.

—Bueno, verás. Todavía no has estado en el espacio, pero un día lo averiguarás. Flotar en gravedad cero no te ayuda en absoluto con tu digestión. No hay gravedad que ayude a la comida a irse desplazando por tus intestinos, y se forma como un gran tapón. Entonces llegas a la Luna, y permíteme decirte que una sexta parte de la gravedad de la Tierra es *justo* lo suficiente para ayudarte a defecar.

No tenía ni idea de cómo responder a eso, así que no lo hice.

Sin embargo, no tengo dudas de que en sus treinta años de carrera, John Young había tenido muchos momentos trascendentes y extraordinarios. Después de todo, es el hombre que dijo: «El hombre del siglo XX debe avanzar con valentía… y esforzarse deliberadamente por descubrir los secretos ocultos de nuestro universo». Muy profundo, ¿verdad? Estoy seguro de que hacer sus necesidades no fue siempre la primera cosa que acudió a su mente al valorar el tiempo que pasó en la Luna, una experiencia que te cambia la vida que sólo han compartido doce seres humanos en toda la historia. Pero John había estado seis veces en el espacio, y eso son muchas veces. Había sido astronauta durante más de treinta años, que también son muchos años, y el hecho de que me explicara esa anécdota de la forma en la que lo había hecho, creo que ilustra una verdad fundamental sobre la vida: todo puede convertirse en rutina. Cualquier experiencia, independientemente de lo trascendental que sea, puede acabar dándose por sentada si se vuelve demasiado familiar. Sin embargo, si quieres tener éxito (y más importante: si quieres *disfrutar* de ese éxito), no puedes permitirte caer en esa trampa.

Frecuentemente se nos dice que necesitamos encontrar un propósito en nuestro trabajo. Esto es, ciertamente, la verdad. También es algo un tanto estrecho de miras. Es un mantra que nos lleva a mirar hacia el interior para encontrar la realización personal. Sin embargo, si hay una cosa que he aprendido es que es igual de importante para nosotros detenernos y mirar a nuestro alrededor, fuera de nosotros mismos. Todos debemos detenernos y contemplar la belleza y la maravilla que supone el mundo que tenemos a nuestro alrededor. Debemos maravillarnos con el milagro de la creación, en el que llegamos a participar gracias al alegre accidente, ya para empezar, de haber nacido. Por encima de cualquier cosa y de todo lo demás, mantener esa imagen general presente es la clave para tener una trayectoria profesional larga y significativa.

✳   ✳   ✳

Cuando estás paseando por el espacio, el tiempo es precioso. Cada tarea se programa hasta el último minuto, y no queda mucho tiempo libre para detenerse y contemplar las vistas como un turista. Sin embargo, durante mi segundo paseo espacial en la misión STS-109, hubo una pausa excepcional en el trabajo. Estaba esperando a mi compañero, Jim Newman, para acabar una tarea, y mientras esperaba, me tomé un momento, me di la vuelta y miré, por encima de mi hombro, hacia la Tierra. Sólo quería echar un vistazo rápido, pero entonces me quedé extasiado con la vista.

No hay palabras para describir la belleza de nuestro planeta, así que todo lo que puedo decirte es lo que estaba pensando y sintiendo. Mientras miraba hacia abajo, el pensamiento que acudió a mi mente fue: «Esto es algo que se supone que no tendría que ver. Es demasiado hermoso para el ojo humano. Esto es un secreto. Ni siquiera tendría que estar aquí arriba». Giré mi cabeza e intenté volver a mi trabajo, pero no pude evitar echar una segunda mirada furtiva. Eché un vistazo y el planeta que tenía debajo era tan hermoso que empecé a emocionarme. Tuve que apartar la mirada. Tenía miedo de empezar a llorar, y si tienes agua flotando por el interior de tu traje espacial eso puede suponer un problema. Me imagine una gran investigación tras el vuelo en la que tendría que admitir que había llorado en el espacio. Por lo tanto, me recompuse e intenté regresar al trabajo, pero entonces eché un tercer vistazo, y el pensamiento que me pasó por la mente fue: «Si estuvieras en el cielo, esto es lo que verías. Ésta es la visión desde el paraíso». Entonces, ese pensamiento se vio reemplazado por otro. «No, es incluso más hermoso que eso. Éste es el aspecto que debe tener el cielo. Puede que esto *sea* el cielo».

Resulta que no era el único que se había sentido así alguna vez. Más adelante, de regreso a la Tierra, hablé con Jim Lovell, el comandante de la misión Apolo 13, y le expliqué mis observaciones y los sentimientos que experimenté. «Mike —me dijo—, mucha gente espera ir al cielo tras fallecer. Después de ir al espacio y de ver lo que he visto, creo que todos hemos nacido allí».

Por supuesto, no siempre se siente lo mismo aquí abajo, en la superficie. Se supone que el cielo tiene que ser un lugar hermoso y perfecto, y a veces pones las noticias y parece que no hay nada más que guerras, hambrunas, matanzas y sufrimiento. Pero la vista desde el espacio pone todo eso en perspectiva, especialmente cuando te detienes y sigues el terminador. El terminador es como llamamos a la línea que separa a la noche y el día en nuestro planeta. Lo que estamos acostumbrados a experimentar en la Tierra en forma de hermosas salidas de Sol y maravillosas puestas de Sol es, desde el espacio, una línea que se desplaza ininterrumpidamente a lo largo del planeta: iluminada a un lado y oscura al otro lado.

Lo que ilustra el movimiento del terminador mejor que cualquier otra cosa es la rotación del planeta. Mientras estaba echando vistazos hacia la Tierra y esperando a que Newman finalizara su tarea, observar esa línea fue el movimiento más ininterrumpido y constante que nunca hubiera visto. No vacilaba, no trastabillaba y no se detenía. Era, simplemente, un movimiento ininterrumpido y constante. El planeta es *enorme* y, pese a ello, este descomunal objeto se movía, dando vueltas sobre sí mismo, muy elegante e ininterrumpidamente. Me di cuenta de que estaba mirando algo que se había estado moviendo exactamente de esta misma forma desde hacía miles de millones de años. La Tierra ha cambiado; la gente ha ido y venido, imperios han surgido y caído; las guerras, las hambrunas, los asesinatos y el sufrimiento se dan a diario; pero ese movimiento ininterrumpido y constante se ha estado dando desde el principio de los tiempos. Ha persistido a lo largo de todo el caos ahí abajo, y seguirá así durante mucho tiempo después de que nos hayamos ido. Es, en una palabra, perfecto; exactamente igual que el cielo.

Entonces, después de seguir el movimiento del terminador, me fijé en mis manos, embutidas en el traje espacial, y me di cuenta de lo milagroso que era que existiera esta tecnología que me permitía sobrevivir en ese inhóspito vacío. A continuación, miré por encima de mi hombro, hacia la negrura del espacio. Pude ver el Sol como una estrella gigante, y me di cuenta de que era la primera vez que estaba viendo el Sol en un cielo negro. Hemos explorado todo nuestro vecindario y no hay forma alguna de sustentar la vida en ningún otro lugar en nuestro sistema solar, lo que significa que no tenemos ningún otro lugar al que ir. El peor lugar y el más inhóspito en la Tierra sería como un paraíso en Marte.

Volviendo a fijarme en nuestro planeta, me di cuenta de lo frágil que es, en realidad. Si piensas en la Tierra como si fuese una cebolla, esa capa superior fina de la piel de la cebolla es nuestra atmósfera. Es finísima, y es la única cosa que nos protege de la desolación del espacio. La atmósfera que protege la Tierra es vulnerable como el traje y los guantes que estaban protegiendo mi cuerpo. Todo acerca de mi ser ahí en ese momento era hermoso y milagroso y, al igual que la Tierra, frágil.

El asombro que sentí en ese momento me ha alentado en mi vida prácticamente cada día desde entonces. A lo largo de todo ese tiempo he tenido muchos altibajos, tanto personales como profesionales, pero la sensación de asombro que sentí ese día me ayuda a mantenerlo todo en perspectiva. Por supuesto, puedo oíros a todos decir: «Bueno, me alegro muchísimo por ti, Mike, pero no todo el mundo tiene la suerte de maravillarse con la belleza de nuestro planeta desde el espacio exte-

138

rior». Y eso es cierto, pero ésta es la clave: si quieres verte maravillado, no tienes que ir al espacio para quedar extasiado por el milagro que es nuestro planeta. Es de ayuda, seguro, pero no es estrictamente necesario. Lo increíble de quedar fascinado es que también puede ser una elección, una decisión sencilla que tomas cada mañana cuando te despiertas. Palabras como «asombrado» hacen que parezca como si quedar afectado por el asombro fuese algo que te sucede *a ti*. Te ves golpeado por estos sentimientos debido alguna cosa o algún suceso externo a ti. Eso fue, ciertamente, mi caso en ese paseo espacial, pero también puede funcionar en la otra dirección. Tú puedes decidir quedar fascinado.

Cuando llegué a la Oficina de Astronautas, la NASA estaba enviando a astronautas a vivir en la Mir, la estación espacial rusa, para adquirir experiencia en los vuelos espaciales de larga duración. En esa época, antes de que la Estación Espacial Internacional hiciera que los vuelos espaciales de larga duración fueran algo genial, ir a la Mir me parecía una designación difícil. En primer lugar, debías dominar la lengua rusa. Serías el único estadounidense a bordo con dos cosmonautas rusos, y debías poder comunicarte y trabajar con tus compañeros de tripulación y con el centro de control en ruso. El entrenamiento para conseguir una designación para ir a La Mir debía llevarse a cabo en ruso, lo que implicaba largos períodos alejado de tu familia. Después serían necesarios más meses fuera de casa, en la estación espacial, durante la misión. La NASA seguía aprendiendo de su nueva relación con la Agencia Espacial Rusa y la Mir, y el respaldo necesario para los astronautas todavía se estaba desarrollando. En la actualidad ha evolucionado para convertirse en un apoyo excelente para la tripulación y las familias en las misiones de la EEI, pero en aquel entonces las cosas eran diferentes. Algunos astronautas estaban emocionados por la expectativa de ir a la Mir para un vuelo de larga duración. Sin embargo, muchos de mis compañeros CANAS y yo estábamos más interesados en que nos designaran para vuelos en el transbordador espacial: parecían suponer un menor estrés para la familia.

John Blaha fue uno de los astronautas de la NASA que experimentó una misión de larga duración en la Mir. Cuando John regresó tras cuatro meses en el espacio, todos asistimos a su sesión informativa para oír qué tal había sido su experiencia y qué consejos podía tener John para nosotros. Las hazañas de John me parecieron abrumadoras e increíbles, y quería saber cómo había podido gestionarlo todo. Dijo que superó con éxito el entrenamiento y el vuelo espacial aceptando por completo la situación.

Él y su mujer, Brenda, lo consideraron como una experiencia única. Sus hijos ya eran mayores, y Brenda pudo vivir en la Ciudad de las Estrellas con John mientras éste estaba entrenándose. La actitud de él fue la de aprovechar cada minuto al máximo. Cuando John estuvo en órbita, echo de menos a Brenda, a su familia y a sus amigos al principio, pero en lugar de centrarse en lo que añoraba en la Tierra, se concentró en los experimentos, en los paseos espaciales y en las magníficas vistas del planeta Tierra desde su ventana. Dijo que, debido a eso, el tiempo en la Mir simplemente pasó volando y el resultado fue una misión enormemente exitosa. Salí de la charla pensando que una actitud positiva y el aceptar lo que podía suponer una situación incómoda puede ser decisivo y convertir una designación desafiante en una oportunidad para quedar maravillado con lo que estás viendo y experimentando.

No mucho tiempo después tuve la oportunidad de poner en práctica las lecciones de John Blaha. Como parte de nuestra preparación para el vuelo espacial, la NASA me envió a mí y a otros cinco astronautas a un ejercicio de entrenamiento en climatología fría bajo la instrucción del Ejército canadiense en Cold Lake (Canadá). Odio el frío, y esperaba que Cold Lake (que se traduciría como «Lago Frío» en castellano) fuera un nombre que no respondiera a la realidad. Después de todo, he vivido cerca de Clear Lake (que se traduciría como «Lago Claro»), en Texas, y el lago «claro» era de todo menos claro; pero tras llegar a Cold Lake, me di cuenta de que su nombre no sólo le sentaba como anillo al dedo, sino que era el lugar más frío en el que hubiera estado. Durante el día, la temperatura nunca superaba el punto de congelación, y por la noche se alcanzaban los −40 °C. Portábamos unas mochilas pesadas, llevábamos a cabo muchas tareas rutinarias y experimentos y dormíamos en la nieve (en realidad no conseguíamos dormir en absoluto). Nuestros instructores estaban intentando hacer que nos sintiéramos destrozados, y estaban haciendo un trabajo excelente, ya que ése era el verdadero motivo del ejercicio: aprender a reconocer los signos de malestar y el mal genio y cómo pueden afectar a la moral y el éxito de la misión.

Al cabo de alrededor de una semana, tuve suficiente. Estaba helado hasta los huesos. Sufría de congelación en los pies. Quería irme a casa y ver la televisión y usar un baño con un retrete de verdad. Entonces, una tarde, a la hora de la cena, se me acercó nuestro instructor principal, el sargento Colin Norris. El sargento Norris se parecía, en todo, a la caricatura de un pionero canadiense, con su gorro de lana y un bigote grande y poblado que normalmente tenía nieve en las puntas (si tengo que ser completamente honesto, se parecía a Yukon Cornelius, del programa especial navideño de la serie de dibujos animados *Rudolph the red-nosed reindeer*, pero no me atrevía a llamarle así por miedo a que me matara y me enterrara en la nieve).

—Massimino –dijo el sargento Norris, tendiéndome un mapa–, a las tres de la madrugada, usted y su equipo van a ir hasta estas coordenadas al otro lado del lago, encontrar una caja con comida y recuperarla.

—¿Quiere que camine atravesando ese lago –le dije– en plena noche?

—Sí.

—¿Qué aspecto va a tener la cosa a esa hora de la noche ahí fuera? Me miró:

—Cierre los ojos –dijo.

Le obedecí.

—¿Están bien cerrados? –me preguntó.

Asentí.

—De acuerdo, entonces. Ése es el aspecto que tendrá.

Para que fuera mi compañero de equipo en esta excursión, recurrí a Greg Chamitoff, mi colega astronauta y antiguo compañero de clase en el Instituto Tecnológico de Massachusetts. Greg estaba viviendo una experiencia completamente contraria a la mía. Greg se lo estaba pasando en grande. Greg, que había sido Águila en los Boy Scout, e incluso había armado una ducha para asearse en medio de ese frío gélido. Para mí eso era una locura, pero también significaba que Greg era el tipo de persona que querías tener a tu lado para que no te comiera un oso.

Nos despertamos en plena noche y nos pusimos en marcha. Habíamos atravesado la mitad del lago cuando nos detuvimos a descansar. Al hacerlo, miré hacia arriba. Era una noche completamente despejada y el aire era nítido y las estrellas eran absolutamente magníficas. Todo estaba perfectamente tranquilo en kilómetros a la redonda. No había más sonido que el de nuestra respiración. En ese momento, todos mis escalofríos, agitación y desgracia se desvanecieron, y recordé la lección de John Blaha sobre aceptar la situación. Entonces me vino a la cabeza: estaba viviendo una experiencia extraordinaria. Estaba ahí fuera, al borde de la civilización. Sí, tenía frío y era duro, pero estaba haciendo algo maravilloso a pesar de mí mismo. Estaba disfrutando de una de las escenas más espectaculares de la creación. Se me estaba proporcionando la oportunidad de salir de mi vida cotidiana y mirar el mundo de una forma completamente distinta. El mundo que había parecido tan pequeño mientras crecía en él era ahora vasto y totalmente abierto, y estaba lleno de cosas increíbles y hermosas.

Me volví hacia Greg y le dije:

—Oye, ¿recuerdas que hace algunos años éramos un par de críos en una habitación de una residencia universitaria, soñando en convertirnos en astronautas, y ahora estamos aquí?

—Claro –dijo.

Eso fue todo lo que dijimos. Nos quedamos ahí quietos de pie: dos amigos observando el universo desde la cima del mundo.

Todo el viaje cambió para mí en medio de ese lago. Las condiciones no habían cambiado, pero mi mentalidad sí. Empecé a disfrutar con lo que estaba haciendo. Elegí maravillarme con cada detalle de todo lo que estaba haciendo y el increíble paisaje que había a mi alrededor. Una vez que lo hice, los días pasaron volando.

No sólo puedes escoger sorprenderte, sino que ya dispones de las herramientas que necesitas para hacerlo en este preciso momento. Naciste con ellas. Tus cinco sentidos son todo lo que necesitas para pasar toda tu vida sumido en un estado de asombro. El sentido en el que más confiamos es en nuestra vista, y en ese aspecto, el espacio no decepciona. Ver esta hermosa canica azul flotando en un vacío negro estrellado es una experiencia como ninguna otra, pero por increíble que sea ver nuestro hogar desde ese lugar con vistas privilegiadas, después de todo no es más que un plano muy largo. Te pierdes los detalles. Te pierdes la belleza de las flores en primavera y el color cambiante de las hojas en otoño. También descubres la majestuosidad de todo lo que la humanidad ha creado, como los increíbles edificios de estilo arquitectónico art déco del Upper West Side de Manhattan o los hermosos cuadros que hay en los museos. Viviendo aquí, en la Tierra, logras mirar a tu alrededor y ver esas cosas, y te quedas sorprendido por ellas cada día.

Además, cuando estás en el espacio, te pierdes los olores de la Tierra. Por increíble que sea el cosmos, desde el punto de vista olfativo es bastante decepcionante. El único olor interesante que captas ahí arriba procede de entrar en el compartimento estanco después de un paseo espacial. Una vez que la compuerta que da al exterior se cierra y te quitas el casco, hay un olor metálico característico que persiste algunos minutos. Algunos astronautas lo llaman «el olor del espacio», y creen que ése es el olor del vacío del espacio. La explicación más plausible es que ese olor proceda, simplemente, de la liberación de gases del metal de la nave espacial a verse expuesta al vacío, pero a mí me gusta creer que se trata del olor del espacio. Puede que se trate de un puñado de bobadas románticas, pero es, mayormente, el único olor interesante que captas ahí arriba (dentro de la nave espacial, con toda la tripulación, todo lo que percibes es el olor de los demás). En ambas ocasiones a mi regreso a la Tierra, me supuso una increíble alegría simplemente salir de la nave y captar el olor del césped recién cortado y las flores, y los aromas que percibes siempre que paseas al lado de una panadería o un buen restaurante. Una vez que has estado en el espacio, nunca vuelves a dar esos olores intensos y embriagadores por sentados.

Lo mismo se aplica en el caso del sonido. En el espacio, tal y como dicen, nadie puede oírte gritar. Sin embargo, los gritos no son la única cosa que no puedes oír. Tampoco puedes oír el canto de los pájaros por la mañana, ni el agua discurriendo sobre rocas en un arroyo, ni el viento circulando entre los árboles. Tanto si estás en el interior de la nave espacial como fuera, en tu traje de AEV, todo lo que normalmente oyes es un zumbido, el rumor constate de los ventiladores de refrigeración del instrumental dentro de la nave espacial o el zumbido de la bomba de agua dentro del traje. Estos sonidos llegan a gustarte, porque son los sonidos de las maquinas que te mantienen con vida. Pero... ¿qué hay de la exquisita orquesta de sonidos emitidos por los seres vivos? Una vez más, eso es algo que sólo existe aquí, en esta pequeña canica azul, y en ningún otro lugar. Por lo tanto, la próxima vez que oigas a un pájaro trinar o incluso un claxon en el tráfico, detente para maravillarte por lo extraordinario que es que existan los sonidos. Los sonidos en el espacio no pueden competir con los que puede proporcionar la Tierra.

¿Otra cosa que eché de menos allí arriba? El tiempo atmosférico. Desde que fui al espacio he dejado de quejarme de él, ya que en el espacio no hay variación. Tiene unas temperaturas extremas, pero eso no es un tiempo atmosférico. No hay estaciones, ni brisas frías, ni cálidos días de verano, ni frescas mañanas otoñales. Todo esto está reservado para la gente aquí en la Tierra. Por lo tanto, siempre que llueve (y me refiero incluso a los peores días, los más desapaciblemente lluviosos y húmedos), siempre intento recordar cómo era estar en un lugar sin lluvia en absoluto. Nada de lluvia significa nada del ciclo del agua; nada de ciclo del agua significa nada de vida, y nada de vida significa que no existiríamos. Los cambios constantes que acompañan al tiempo atmosférico nos sirven como recordatorios diarios de que somos afortunados por vivir en un planeta tan increíble.

Abrumadoramente, lo que más eché de menos allá arriba en el espacio es la cosa que implica y a veces supera a nuestros cinco sentidos al mismo tiempo: echaba de menos a la gente. Me encantaba estar con mis seis compañeros de tripulación, pero echaba de menos a mi familia, a mis amigos, a mis vecinos y a mis colegas. Echaba de menos oírles hablar y reír, ver rostros hermosos e interesantes, que me dieran abrazos y los choques de manos, o compartir una comida sentados alrededor de una mesa.

Incluso añoraba algo de lo que solemos quejarnos en la Tierra: las multitudes. Todo el tiempo que estuve en el espacio había dos cosas que esperaba con ansia al regresar. La primera eran las reuniones para que nuestros hijos nadaran. Todo nuestro vecindario solía salir de casa y montar carpas y tumbonas por doquier: se parecía al Festival Musical de Woodstock en la piscina comunitaria del barrio residencial, con gente por aquí y allá, todos amontonados hablando, yéndonos a ver los unos a los otros, y disfrutando de nuestra compañía mutua. El segundo lugar al que quería ir era a un partido de béisbol. Quería estar apiñado con toda esa gente, como si fuésemos sardinas, con todos disfrutando de un partido de béisbol juntos.

Creo que la pandemia puede habernos proporcionado a todos una sensación del aislamiento que los astronautas sienten en el espacio. Por mucho que puede que nos molesten los eventos, las reuniones y las fiestas atestados de gente, una vez que habían finalizado acabábamos comprendiendo lo que significan para nosotros. En la actualidad, siempre que estoy en un vagón de metro lleno o en una larga cola para comprar algo para comer en un partido de béisbol, sigue pareciéndome un poco irritante, pero intento recordar que en realidad se trata de un milagro de lo que nuestro planeta puede proporcionarnos: un hogar para que lo compartamos.

Y ése es, al final, el regalo más importante que me traje de vuelta del espacio: una nueva definición de lo que es un hogar. Cuando era un niño que estaba creciendo en Long Island, consideraba que mi hogar era la localidad de Franklin Square, justo al lado de la frontera del estado de Nueva York. Yo era un niño de Long Island, y eso era todo lo que sabía. Ése era mi mundo. A medida que mi experiencia aumentó, yendo a la universidad y conociendo a gente de otros lugares, empecé a considerarme más un tipo de Nueva York. Entonces, al convertirme en un astronauta que trabajaba con astronautas e ingenieros de todo el mundo, empecé a considerarme un estadunidense. Iba a trabajar con la bandera de EE. UU. en el hombro izquierdo de mi traje espacial. El espacio hizo que eso cambiara drásticamente. Siempre seré un niño de Long Island, un neoyorquino y un estadounidense, y siempre me sentiré orgulloso de ser de estos lugares, pero ver nuestra Tierra estando en órbita me hizo darme cuenta de que todo este planeta es mi hogar. Es *nuestro* hogar. Nos pertenece a todos por igual y es un hogar que todos compartimos.

El telescopio espacial Hubble orbita a una altura de 560 kilómetros sobre la Tierra, unos 160 kilómetros más alto que la Estación Espacial Internacional. Por lo tanto, aunque los astronautas de la EEI llegan a captar algunos detalles realmente geniales de la superficie del planeta, no pueden captar la vista con una gran perspectiva de la Tierra que se obtiene a la altitud a la que se encuentra el Hubble. Desde el Hubble puedes ver la curvatura del planeta. Es una vista maravillosa, pero lo que es incluso más maravilloso es la vista que el Hubble proporciona del sistema solar y más allá.

A través del Hubble conseguimos ver la belleza y el milagro del universo. Una de mis imágenes favoritas desde el telescopio es una de las primeras imágenes tomadas y publicadas después de las mejoras hechas en la misión STS-125. Las primeras imágenes tomadas y publicadas se captan justo después de una misión de mantenimiento, y son algo así como la página de prueba de una impresora para asegurarse de que todo funciona correctamente. Me gustan estas primeras imágenes no sólo porque son hermosas, sino también porque suponen la prueba de que hemos tenido éxito en nuestra misión. Hay una primera imagen que me encanta: «Grupo Global de Estrellas Omega Centauri». Es una vista panorámica de cien mil estrellas en el corazón de un grupo de estrellas gigante, y constituye sólo parte de un conjunto que contiene casi diez millones de estrellas. La uso en mis discursos inaugurales. La llamo «la imagen general».

Mantener la imagen general en mente es clave para poder seguir adelante cuando las cosas se ponen difíciles. Como astronauta me encantaba mi trabajo. No sólo el volar por el espacio, sino también el entrenamiento. Me encantaba formar parte de algo que era mayor que yo mismo, pero había ocasiones en las que me cuestionaba lo que estaba haciendo y si valía la pena. Buena parte de este trabajo era simplemente eso: un trabajo. Trabajar hasta muy tarde en la oficina, fines de semana yendo a contrarreloj, vacaciones y celebraciones perdidas. Nada glamuroso, sino simplemente trabajo duro entre bambalinas por el que nadie te da una medalla.

Siempre hay un lado negativo en cada trabajo, independientemente de lo que hagas para ganarte la vida y, tal y como nos enseñó John Young, incluso cuando estás caminando sobre la superficie de la Luna, sigues teniendo que hacer tus necesidades (también me corrigió rápidamente diciéndome que no «paseó» por la superficie de la Luna, sino que más bien «trabajó» en la Luna). Por lo tanto, cuando nuestro trabajo nos parezca mundano, rutinario o que, simplemente, no vale la pena, lo que debes recordar es la perspectiva general. El porqué hacemos lo que hacemos puede a veces olvidarse o verse eclipsado por todo del trabajo duro y el sacrificio que le dedicamos. En mi caso, pensaba, enfáticamente, que la ciencia y los conocimientos que el Hubble proporcionaba al mundo valían todo el trabajo duro, el sacrificio y el peligro que implicaba el trabajo. Algunas personas me preguntan cómo lidié con el riesgo implicado, con la posibilidad de perder la vida. La pura verdad es que tenía unos sentimientos tan intensos sobre la exploración del espacio que estaba dispuesto a arriesgar mi vida por ello, y creo que es algo triste que la gente no tenga sentimientos intensos con respecto a lo que hace en la vida. Mostrarse indiferente sobre el trabajo que llevas a cabo en tu vida equivale a no vivir de verdad. Hacemos lo que hacemos porque es importante para nosotros, y estamos dispuestos a hacer sacrificios por el bien común. Sí, parte de ello consiste en ganarse la vida, ya que todos tenemos que pagar el alquiler, pero la parte más importante de la vida es hacer que el mundo sea un lugar mejor.

Tener presente la perspectiva general puede ayudarnos a superar los momentos difíciles. Por lo tanto, cuando estés trabajando hasta tarde, echando de menos a tu familia, sintiendo que todos tus sacrificios no valen la pena, vuelve a pensar en lo que estás haciendo. Si te encuentras con que no sientes verdadera pasión por lo que sea, entonces quizás haya llegado el momento de un cambio. Mi amigo y mentor, Alan Bean, el caminante sobre la superficie de la Luna (¿le recuerdas?), dijo: «El secreto de la vida consiste en averiguar lo que te encanta y luego dar con una forma de ganarte la vida con ello». Necesitas esa pasión. Si no la posees, sigue buscando hasta que la encuentres. Si tienes la suerte de haberla encontrado, no te sorprendas si la cuestionas cuando las cosas se pongan difíciles.

En esos momentos, todo lo que tienes que recordar es la perspectiva general. Piensa en ese grupo de estrellas Omega Centauri y simplemente sigue adelante. Obviamente, es mucho más fácil captar la perspectiva general desde una altura de 560 kilómetros, allá arriba en el espacio, o desde el lugar con unas vistas privilegiadas que constituye el telescopio espacial Hubble, que mira hacia el exterior de nuestro universo, que desde un cubículo sin ventanas. Cuando te encuentres en ese lugar, puede que sea difícil encontrarles un significado más amplio a las cosas, pero se halla ahí. Está en la sonrisa de un compañero de trabajo o en la satisfacción de ayudar a las personas para las que trabajas. Cualquiera de esas cosas puede ser tan hermosa como lo que vi en órbita ese día. Simplemente debemos recordarnos que tenemos que detenernos y apreciarlas por lo que son realmente. Si lo hacemos, encontraremos la motivación para llevar una vida larga y con sentido. Y debemos hacerlo, porque el mundo es frágil y cuenta con nosotros.

Por lo tanto, cuando te encuentres frustrado y preguntándote por qué estás soportando problemas difíciles en tu trabajo y en tu vida:

- Mira a tu alrededor. Tómate un momento para disfrutar de este maravilloso planeta. Estás viviendo en un paraíso, y debes apreciarlo y cuidar de él mientras puedas.
- Al verte enfrentado a una situación difícil, intenta aceptarla. Considérala una oportunidad para el crecimiento y sácale todo el provecho posible.
- Visualiza el campo de estrellas de Omega Centauri. Recuerda la perspectiva general de tu existencia pensando en lo que puedes aportar a la vida en este planeta que todos compartimos. Recuerda la razón por la cual haces lo que haces. Recuerda a la gente que cuenta contigo y recuerda la pasión que sientes por lo que haces.

Puede que pienses que contemplar la perspectiva general te hace sentir pequeño. ¿Cómo podría mi existencia ser importante en un universo tan vasto e incomprensible? Y a veces puede hacerte sentir así, pero también te hace darte cuenta de qué maravilloso milagro es estar aquí, ya para empezar, y cualquier cosa así de milagrosa es demasiado preciosa como para echarla a perder.

SABER CUÁNDO DAR UN GIRO

EL CAMBIO ES INEVITABLE.
ACÉPTALO Y ABRÁZALO

Cuando el transbordador espacial Atlantis aterrizó en la base Edwards de la Fuerza Aérea el 25 de mayo de 2009, dando así por concluida mi segunda misión al telescopio espacial Hubble, el momento fue agridulce. Me sentí feliz por haber regresado a salvo al planeta, pero con un poco de melancolía, porque, además del final de nuestra misión, toda una era en la historia de los vuelos espaciales pronto llegaría a su fin. El nuestro fue uno de los últimos vuelos del Programa del Transbordador Espacial. En menos de dos años, el programa habría acabado. Los trasbordadores espaciales serían retirados y expuestos en museos. Había grandes cambios en el horizonte.

Mientras viajo por el país hablando en distintas conferencias, reuniones, escuelas y eventos empresariales, oigo muchas discusiones sobre el «cambio». El cambio se encuentra por doquier, y nadie puede esconderse de él. Ciertamente, ése era el caso en la NASA. Al principio del Programa del Transbordador Espacial, la NASA había planeado, originalmente, que los transbordadores espaciales se convirtieran un día en vehículos comerciales para el transporte de civiles. Estaban, de hecho, en el proceso de reescribir los manuales de vuelo, de modo que los pilotos de aerolíneas civiles pudieran ponerse un día a los mandos. Entonces se produjo el accidente del transbordador espacial Challenger en 1986, y la NASA se dio cuenta de que todavía no estaba preparada para transformar su nave espacial en un vehículo comercial.

Pero en 2011, mientras se estaba retirando el transbordador espacial, la NASA intentó aprovechar la transición para inspirar a la empresa privada y permitir que entrara nueva tecnología al programa. Establecieron el Programa de la Tripulación Comercial con compañías como SpaceX, y les cedieron la responsabilidad de mucho de lo que hacía la NASA: diseñar, construir y manejar una nave espacial. Cuando astronautas de la NASA fueron lanzados al espacio en la nave espacial SpaceX Dragon, no se comunicaron con el Centro de Control de la Misión de Houston. Se comunicaron con el Centro de Control de SpaceX, en Hawthorne (California). Fue sólo cuando se acoplaron a la Estación Espacial Internacional cuando cambiaron al CCM.

Con los vuelos espaciales comerciales se estaba introduciendo una tremenda cantidad de tecnología. El transbordador espacial se estaba haciendo volar y aterrizar manualmente por el comandante. Prácticamente todas las tareas, desde el manejar el brazo del robot hasta pilotar un acoplamiento preciso, se llevaba a cabo manualmente. Cada procedimiento de emergencia y escenario de abortar la misión la llevaba a cabo la tripulación manualmente. Ahora, estas misiones las iban a llevar a cabo sistemas automáticos, ordenadores, inteligencia artificial. En otras palabras, los vuelos espaciales comerciales se basaban en la tecnología, más que en los astronautas. Tras escuchar este plan, muchos de nosotros en la Oficina de Astronautas pensábamos: «¿Están de broma?». Todo esto era nuevo para nosotros, y yo me encontraba entre ese grupo de escépticos. La automatización en la cabina era algo especialmente duro como para que lo aceptáramos.

Entonces empezaron los nuevos programas y se fueron desarrollando gradualmente, y adquirimos cada vez más confianza en su potencial e innovaciones. Vimos el progreso que se estaba consiguiendo y las ventajas que proporcionarían estos cambios. SpaceX podía reutilizar todo su vehículo de lanzamiento haciendo aterrizar la primera etapa del cohete de vuelta a la Tierra, sobre una plataforma en el océano, incluso de noche. Esta capacidad de reutilización fue posible mediante la adopción de la nueva tecnología y la automatización hacia las que al principio nos mostrábamos escépticos. Además, redujo significativamente el coste del lanzamiento de astronautas y cargas al espacio.

SpaceX también nos mostró que en la mayoría de los escenarios de una emergencia en los que un miembro de la tripulación podría intervenir, estabas, de hecho, más a salvo si intervenía el ordenador. La automatización era más segura que la persona. En ese momento pensamos: «De acuerdo, eso está bien, queremos permanecer vivos». Como el transbordador espacial era un vehículo manual, la tripulación era responsable de todo lo que *pudiera* suceder, y necesitábamos estar preparados por si acaso. Por lo tanto, entrenábamos sin parar para cubrir todas las contingencias. Hace poco le pregunté a Duane *Digger* Carey, el piloto de mi primera misión, cuánta de su formación para nuestra misión no había usado en el espacio. Su respuesta fue que el 99,99 %. Un nuevo vehículo automatizado llevaría a un tiempo de entrenamiento significativamente menor, ya que los ordenadores se ocuparían de esos «y si…» que era improbable que sucedieran nunca, ya para empezar. Menos entrenamiento permitiría que más personas que no fueran astronautas formados por la NASA volaran al espacio, y los astronautas de la NASA podrían emplear el tiempo ahorrado en entrenamientos para concentrarse en otros aspectos de sus vuelos, como los paseos espaciales, los experimentos científicos y el compromiso educativo.

En la actualidad vemos cómo cada vez más personas van al espacio, pero también vemos cómo también se llevan a cabo más experimentos allí arriba. Mis alumnos de la Universidad de Columbia lanzaron recientemente un experimento biomédico en una nave espacial SpaceX Dragon hacia la Estación Espacial Internacional. Esta oportunidad era algo que se consideraba inaudito hace algunos años, y se hizo posible sólo gracias al programa espacial comercial que la NASA ha ayudado a desarrollar a través de los osados cambios que llevó a cabo tras la retirada del transbordador espacial.

En la actualidad nos encontramos en una nueva era de los viajes espaciales que se ha vuelto posible sólo mediante grandes cambios que a mis colegas y a mí nos costó aceptar. Lo que fue incluso más difícil de aceptar fue la opción a la que muchos de nosotros nos enfrentamos como resultado de este paisaje rápidamente cambiante. No sólo había llegado el momento de que nuevas ideas y nuevas personas asumiesen el mando, sino que quizás había llegado el momento de que algunos de nosotros nos apartáramos a un lado.

✳   ✳   ✳

A medida que el programa espacial cambió, también cambió mi relación con él. En abril de 2010, alrededor de un año antes del último vuelo del transbordador espacial, Peggy Whitson me llamó a su oficina. Dijo que era urgente. Además de ser mi amiga y astronauta compañera de curso, Peggy era ahora mi superiora, ya que hacía poco la habían nombrado jefa de la Oficina de Astronautas. Era la primera mujer y la primera civil en la historia de la NASA en ocupar ese puesto. También fue la primera mujer en ostentar el mando en la EEI, donde acabaría marcando el récord estadounidense de más tiempo acumulado en el espacio: 675 días.

Cuando entré en la oficina de Peggy, me explicó que un astronauta asignado para volar a la EEI para una expedición de seis meses de duración había caído enfermo debido a un problema de salud que no se solucionaría a tiempo para que siguiera entrenando para ese vuelo. Quería que yo le sustituyera. Un vuelo de larga duración en la EEI suponía una enorme oportunidad, pero, al mismo tiempo, estaba esperando que me asignaran a la última misión del transbordador espacial. Le pedí veinticuatro horas para pensármelo.

Cuando era un niño que miraba a la Luna y soñaba con ir al espacio, nunca hubiera imaginado *no* querer ir al espacio. Y ahora, ahí estaba: me habían ofrecido la oportunidad no sólo de ir al espacio, sino de *vivir* en el espacio. El Mike de siete años hubiera estallado de alegría sólo con pensarlo y, pese a ello, mientras salía de la oficina de Peggy tuve… sentimientos encontrados. Ya había volado dos veces al espacio en lo que pensaba que eran las mejores misiones en las que podría haber soñado formar parte. Esta nueva designación para un vuelo incluiría pasar meses en Rusia, formación para volar en la nave espacial Soyuz rusa, estar fuera de casa durante largos períodos en los siguientes dos años y medio, y eso ni siquiera incluía el tiempo que pasaría fuera del planeta durante la misión en sí. Unos viajes cortos lejos de casa, al igual que con cualquier otro vuelo en el transbordador espacial, me vendrían bien, pero este importante compromiso… No estaba seguro. Mis hijos tenían una edad en la que de verdad me necesitaban cerca. Mi cabeza me decía que me arrepentiría de rechazar esta designación para un vuelo, pero mi corazón sabía que si la aceptaba me arrepentiría todavía más. Fui a la oficina de Peggy al día siguiente, le agradecí la oportunidad, pero le dije que no podía hacerlo. Se mostró decepcionada, pero lo entendió y me dijo que me tendría presente para futuras oportunidades.

Mientras salía de la oficina de Peggy, me invadió una sensación extraña, un escalofrío que me sacudió el alma. La sensación no era la del final de un capítulo, sino la de que algo había muerto. Era un astronauta que había rechazado la designación para un vuelo. ¿Sigue siendo un astronauta un astronauta que no quiere ir al espacio en realidad? En ese momento supe que ése era el principio del fin. Supe que seguiría en la NASA en algún tipo de puesto durante algunos años más, por lo menos hasta que mis hijos se graduaran en el instituto, pero en ese momento me di cuenta de que había acabado. Estaba cerca de cumplir los cincuenta, y todavía era lo suficientemente joven para volar, pero con el Programa del Transbordador Espacial llegando a su fin, los lanzamientos en la nave espacial rusa Soyuz para vuelos de larga duración en el EEI serían el único billete para ir al espacio durante los siguientes diez años, mientras se desarrollaban los programas comerciales. Nos dirigíamos hacia una época en la que los viajes al espacio no serían lo que necesitaba ni quería. Nunca imaginé que este día fuera a llegar, pero aquí estaba: nunca volvería a volar al espacio como astronauta de la NASA. Necesitaba encontrar un nuevo trabajo.

Dicen que la única constante es el cambio. El cambio es inevitable. Todos lo sabemos, pero, de algún modo, nunca estamos preparados para él. Nos metemos en una buena situación, o incluso en una mala situación, y quedamos atrapados en la mentalidad de que así es la vida, y entonces llega un gran cambio y nos pilla por sorpresa. Al salir de la oficina de Peggy supe que tenía que empezar a pensar en hacer alguna otra cosa. Pero ¿en qué consistiría? Resultó que la respuesta me había acompañado todo el tiempo.

Desde el momento en el que me enamoré de la idea de ir al espacio, siempre había estado igualmente obsesionado con lo que llamo la historia del espacio, en cómo la exploración espacial puede inspirar a personas de todas las edades. Cuando grabé *Elegidos para la gloria*, de la plataforma HBO, en una cinta VHS, probablemente la vi cincuenta o sesenta veces. Cada vez que la NASA y el espacio salían en las películas o en la televisión, sintonizaba siempre con eso, no porque estuviera muy interesado en Hollywood y en las estrellas del cine, sino porque creía que era importante. Cuando era niño devoraba libros como *Veinte mil leguas de viaje submarino*, de Julio Verne, porque esas historias consistían en superar los límites de hacia dónde podemos ir y qué podemos hacer. Las historias de los límites de la experiencia humana desafían a nuestra imaginación y nos llevan a pensar en grande y soñar todavía más en grande. Como la mayoría de la gente nunca irá al espacio, la historia que les contemos es todo lo que van a obtener, así que existe la obligación de contar esa historia correctamente.

Regresando a abril de 2009, un mes antes de mi segundo vuelo espacial, la misión STS-125, la Oficina de Asuntos Públicos de la NASA me preguntó si estaría interesado en enviar el primer tuit desde el espacio. Había oído hablar de Twitter (actualmente X), y sabía que se estaba volviendo popular. El presidente Obama había escrito tuits durante su investidura, algunos meses antes. Al principio no estaba seguro. Por mucho que me gustara compartir mis experiencias como astronauta, me preocupaba implicarme en algo que me dedicaría mucho tiempo mientras estuviera entrenándome. Había intentado escribir publicaciones en un blog para la cadena de noticias ABC News, pero tras escribir dos, me di cuenta de que no disponía del tiempo necesario. Era como tener un trabajo trimestral programado con una fecha límite de entrega, siempre pendiendo sobre tu cabeza, y ya tenía bastante que hacer preparándome para la misión. Cuando compartí mis preocupaciones con la Oficina de Asuntos Públicos, me dijeron que se trataría de mensajes cortos, de sólo ciento cuarenta caracteres. Al principio no podía creerme que alguien quisiera leer algo tan corto.

—¿Ciento cuarenta *palabras* –pregunté, un poco confuso— o ciento cuarenta *caracteres*?

—Caracteres –dijeron.

—Ah, bueno –dije–, incluso yo podría hacer eso. ¿Por qué no? Me gustaría.

Y de repente, la NASA hizo el anuncio de que yo enviaría el primer tuit desde el espacio. Me configuraron mi cuenta (@astro_mike), y empecé a tuitear cada día durante ese último mes, compartiendo mis experiencias justo hasta el día del lanzamiento.

En cuanto a cómo gestionar «el primer tuit desde el espacio», sabía exactamente qué hacer, porque lo había aprendido del héroe de mi niñez, la mismísima leyenda, el hombre que pronunció las palabras más famosas nunca dichas desde más allá de la atmósfera de la Tierra. Durante mi primera semana como astronauta, Neil Armstrong estaba en el Centro Espacial Johnson, en Houston, para la reunión anual de astronautas. Nuestra directora de entrenamiento, Paige Maultsby, se le acercó y le pidió si querría hablarle a la nueva clase de CANAS. No era algo que hiciera normalmente, pero esta vez dijo que lo haría.

La mañana siguiente, los cuarenta y cuatro recientes candidatos a astronautas estábamos reunidos en la Sala de Conferencias 6600 de la Oficina de Astronautas, en la sexta planta del Edificio 4 Sur del CEJ. La sala tenía una gran mesa de conferencias en el centro con filas de sillas a cada lado que daban hacia la mesa. En las cuatro paredes de la sala había placas con las insignias de cada una de las misiones llevadas a cabo, empezando con el primero vuelo de Alan Shepard en la misión Mercury y siguiendo por la sala hasta llegar al que había sido el vuelo más reciente en esa época: la misión STS-78. Para los CANAS recién seleccionados, la Sala 6600 era terreno sagrado. Miramos a uno y otro lado de toda esa sala y soñamos con el día en el que colgarían una insignia con nuestros nombres en ella.

Neil Armstrong tenía una reputación de ser humilde y agradecido por su parte en el éxito de poner a los primeros humanos sobre la superficie de la Luna. Siempre le otorgó reconocimiento a los miles de personas que apoyaron la misión Apolo 11 desde la Tierra. Esas cualidades seguían presentes en gran medida en el héroe que entonces entró en la sala. Mientras Neil Armstrong entraba desde detrás de nuestros asientos, todos nos levantamos. No lo habíamos planeado, sino que simplemente lo hicimos instintivamente, como si nos estuviera visitando un miembro de la realeza. Cuando llegó a la parte delantera de la sala, Neil simplemente se quedó ahí de pie, frente a nosotros, un momento, aparentemente incómodo con el tipo de atención que le estábamos prestando. Parecía casi dolorosamente tímido. Empezó a hablar con un tono de voz suave y reservado, contándonos sobre el tiempo que pasó como piloto de pruebas en la base Edwards de la Fuerza Aérea, y cómo era pilotar el X-15 hasta los límites del espacio. Sorprendentemente, durante toda su charla no mencionó haber sido el primer ser humano en caminar sobre la superficie de la Luna. Ni siquiera habló sobre ir al espacio. Parecía reticente a mencionarlo, como si no fuera gran cosa, como si sólo hubiera estado haciendo su trabajo. Si alguna vez hubo alguien que pudiera vanagloriarse de sus logros, sería el primer humano que pisó la superficie de la Luna. Todas las personas vivas en el planeta en esa época podían recordar exactamente dónde se encontraban cuando le vieron dar ese paso histórico, pero Neil parecía reticente a recibir la atención que acompañaba a ese logro. A todos sus colegas (Jim Lovell, John Young, Alan Bean) a los que he oído hablar de él dicen que ésa es una de las razones por las cuales Neil fue, sin ningún género de dudas, la mejor elección como la primera persona para pisar la Luna. Junto con su destreza superior como piloto, tenía la elegancia y la humildad para evitar verse distraído por nada. Oírle hablar esa tarde no hizo sino aumentar su estatus de héroe en mi corazón.

Después de hablarnos de su experiencia como piloto de pruebas, Neil aceptó preguntas que, por supuesto, consistieron todas en el alunizaje y en el paseo por la superficie de la Luna. No tuve la oportunidad de formular a Neil la pregunta que quería hacerle, pero al día siguiente estábamos en la reunión para una serie de sesiones informativas sobre proyectos actuales de la NASA para los asistentes a la reunión con los astronautas y, una vez más, compartí sala con el héroe de mi niñez. A la hora de la comida trajeron un bufé a la sala de conferencias y todos hicimos cola, y mientas estaba de pie en esa fila, esperando para llenar mi plato, que todavía estaba vacío, miré hacia arriba y vi que Neil estaba justo delante de mí, esperando también a conseguir su comida.

Dándome cuenta de que disponía de una oportunidad de oro, de esas que sólo se presentan una vez en la vida, me presenté y le hice la pregunta que había querido hacerle el día antes, sobre sus palabras tan emotivas e importantes que, desde aquel momento habían pasado a los libros de historia.

—Neil —le dije—, lo que dijiste cuando diste tu primer paso sobre la superficie de la Luna, eso de «Un pequeño paso para un hombre y un gran salto para la humanidad», ¿cómo se te ocurrió? ¿Te dijo tu mujer que dijeses eso? ¿Disponías de un publicista? ¿Cuándo decidiste que era eso lo que ibas a decir?

Neil dejó su plato y me miró un tanto perplejo.

—Mike —me dijo—, no pensé en lo que iba a decir en la Luna hasta que alunizamos. Sólo estaba pensando en el alunizaje, porque si no me posaba sobre la Luna no habría razón alguna para decir nada.

Entonces se inclinó y se puso un poco serio conmigo. Creo que quería hacer que ése fuera un momento de enseñanza que fuera valioso para mi trayectoria profesional.

—Mike —me dijo—. Eres nuevo en esto, pero debes darte cuenta de que esto es un asunto serio. No puedes distraerte por culpa de influencias externas. Debes encargarte de la parte importante de tu trabajo primero. Todas las relaciones públicas, la publicidad y todo eso no es más que paja. No es eso en lo que consiste el trabajo. Si te distraes con todo eso pueden pasar cosas malas

Entonces se detuvo, dando a su mensaje la oportunidad de penetrar en mi cerebro.

—¿Lo has pillado?

—Lo he pillado, Neil —le dije—, y gracias por compartir eso conmigo.

Quedé un poco sorprendido por lo que me dijo. Asumí que esa frase histórica había sido objeto de mucha más planificación y de una lluvia de ideas, pero lo que me dijo tenía sentido. Me lo tomé a pecho, y trece años después supe exactamente lo que tenía que hacer cuando me asignaron la tarea de enviar el primer tuit desde el espacio. En nuestra conferencia de prensa final algunas semanas antes del lanzamiento, estaba sentado en una fila con mis compañeros de tripulación, todos nosotros sentados en la tarima, vistiendo los polos de la tripulación de la misión STS-125, mirando hacia el grupo de reporteros, y uno de ellos me preguntó:

—¿Qué enviarás como primer tuit desde el espacio?

Sin dudarlo, busqué en mi interior y canalicé a mi héroe Neil Armstrong:

—No estoy pensando en lo que voy a decir en ese tuit –dije–. Me estoy concentrando en la misión. Primero tenemos que entrar en órbita.

Después, por si acaso, añadí:

—Si no entramos en órbita no habrá necesidad de tuitear nada.

Algunas semanas después entramos exitosamente en órbita, y poco después de llegar al espacio, descargamos los ordenadores, los encendimos y los conectamos a la red local que nos permitiría enviar mensajes a la Tierra. Floté hacia el ordenador. Mi compañera de tripulación, Megan McArthur, se colocó en posición con una cámara para tomar esa foto histórica y captar cómo enviaba el primer tuit desde el espacio. Mientas estaba ahí flotando, frente al ordenador, con los dedos sobre el teclado y listo para escribir, intentando pensar en algo que decir, me llegó la inspiración: el consejo que obtuve de mi héroe, Neil Armstrong, tantos años atrás, fue el *peor* consejo que me han dado en la vida.

No tenía ni idea de qué decir, y ya no hablemos de decir algo atemporal o histórico. No podía pensar en *nada* que decir. Por un momento pensé en si Neil Armstrong me había mentido directamente a la cara. «No hay forma en que pensara en esas palabras *después* de haber alunizado –pensé–. ¡Ni hablar! Todo el mundo, y quiero decir TODO el mundo, estaba mirando y escuchando lo que iba a decir. Además, ¡estaba en LA LUNA! No era un poeta como Robert Frost o Maya Angelou. ¡Era un piloto de pruebas! ¿Cómo, en nombre del cielo, se le ocurrió una frase tan elocuente bajo ese tipo de presión?».

No me encontraba, ni mucho menos, bajo el tipo de presión al que se había enfrentado Neil Armstrong. Yo no estaba en la Luna. Sólo estaba flotando en gravedad cero a algunos cientos de kilómetros del planeta. El mundo entero no estaba escuchando ni sintonizando en vivo para oír cada una de mis palabras. Casi nadie en el planeta sabía quién era ni dónde estaba y, pese a ello, no podía pensar en nada que decir. La única frase que me acudió a la mente fue: «¡Maldito seas, Neil Armstrong!», pero ése no hubiera sido un muy buen primer tuit desde el espacio.

Sabiendo que tenía que ocuparme de otras tareas, como prepararnos para nuestra reunión con el Hubble y nuestros paseos espaciales, tenía que tuitear algo, por lo que tecleé rápidamente lo primero que se me pasó por la cabeza, y aquí, señoras y caballeros, está el primer tuit desde el espacio:

Desde la órbita terrestre: «¡El lanzamiento ha ido genial! Me siento de maravilla, trabajando duro y disfrutando de las magníficas vistas. ¡La aventura de toda una vida ha empezado!».

Ese tuit fue enviado a la Tierra por Twitter el martes 12 de mayo, y durante el resto de la semana no supe cómo había sido recibido o si a alguien ni siquiera le importaba. Estaba tan inmerso en el trabajo que teníamos que llevar a cabo que no tenía ni idea de nada de lo que estaba sucediendo en la Tierra. No fue hasta nuestro paseo espacial final, el lunes siguiente, cuando floté hasta llegar a un ordenador portátil para echar una ojeada a mi correo electrónico. Era primera hora de la tarde en Houston, y para gran satisfacción mía, vi que tenía un *email* de mi familia. Además de felicitarme por completar nuestros paseos espaciales con éxito, hubo una actualización sobre lo que había aparecido en la televisión por la noche a lo largo del fin de semana. El programa *Saturday Night Live* había hecho humor conmigo y mi primer tuit desde el espacio. Parece ser que los amigos de mis hijos pensaban que esto era genial, y fue un tema de conversación en el colegio ese día.

Disfruté de mi genialidad, pero pronto me di cuenta de que en *Saturday Night Live* me habían destrozado. Apareció en el resumen semanal del programa, con Seth Meyers informando desde el escritorio de las noticias. «El astronauta Mike Massimo, a bordo de la Estación Espacial Atlantis —empezó, casi acertando con mi apellido y confundiendo el transbordador espacial con la estación espacial— se ha convertido en la primera persona en usar Twitter en el espacio al tuitear: "El lanzamiento ha ido genial…"». Leyó lo de «lanzamiento ha ido genial» con el tono de voz más monótono y aburrido que pudo poner. Luego, después de una pausa para dejar que eso se captara, prosiguió. «Así que en cuarenta años hemos pasado de "Un gran salto para la humanidad" a "El lanzamiento ha ido genial"». Eso hizo que la gente se riera a gusto, tras lo cual continuó. «Si alguna vez encontramos vida en el universo, asumo que es así como nos anunciaremos». Y en ese momento, apareció una gráfica en la pantalla con mi identidad de Twitter como si @ astro_mike hubiera tuiteado: «¡Caramba, tíos, alienígenas!».

Todo muy divertido.

De modo que así es no sólo como aparecí en *Saturday Night Live*, sino que además me convertí en el tema de conversación en la escuela secundaria y en el instituto locales: habiendo enviado ese tuit «no preparado» desde el espacio. Años después, me encontraba en un evento que conmemoraba el quincuagésimo aniversario de la misión Apolo 11 y estaba hablando con los hijos de Neil Armstrong, Mark y Rick, con los que he llegado a trabar amistad. Les hablé del consejo que me había dado su padre, y les pregunté si realmente pensaban que de verdad se le había ocurrido lo que había dicho junto después de alunizar. «Sí, eso probablemente sea verdad –me dijeron–. Así era él. Para él lo importante era hacer su trabajo». Imagino que tenía un poeta en su interior, después de todo.

A veces pensamos que ciertas trayectorias profesionales son glamurosas, y puede que la gente lo crea de ser astronauta, pero lo cierto es que requiere de dedicación, sacrificio y trabajo duro, sin mucho glamur diario en absoluto. Ciertos astronautas no pueden evitar ser famosos debido a lo que han conseguido (John Glenn fue el primer estadounidense en orbitar la Tierra, y Sally Ride fue la primera mujer estadounidense en el espacio), pero la filosofía en la NASA siempre ha sido que se debe restar importancia a la más mínima fama que tengan los astronautas en favor del equipo. Tristemente, hace años, un CANAS apareció en el cursillo de orientación habiendo contratado a un publicista en previsión de los galardones que ciertamente llegarían, y eso molestó a la gente de verdad. Los logros de la NASA pertenecen a la gente del programa espacial, a toda la organización, y no a una persona concreta.

Sin embargo, y al mismo tiempo, sigue siendo cierto que la historia del espacio exige ser contada. Alguien va a explicarla, y no hay nadie más adecuado para narrarla que las personas que han estado allí y lo han experimentado en persona. Al compararme con mis compañeros astronautas, diría que yo era un caminante espacial por encima de la media, pero probablemente justo por encima de la media para la mayoría del resto de los aspectos del trabajo (teniendo en cuenta el grupo de élite de personas con las que estaba, estar más o menos en la media ya suponía todo un reto). Sin embargo, la parte del trabajo para la que parecía más apto y que disfrutaba más que muchos de mis colegas consistía en explicar la historia del espacio. Coge a un piloto de pruebas o a un ingeniero aeronáutico, y puede que estar frente a una cámara no sea aquello para lo que haya nacido; pero por la razón que fuera, yo me sentía cómodo con eso. Siempre había disfrutado compartiendo las historias de mis experiencias con el público, razón por la cual, ya en primer lugar, la NASA me había pedido que enviase ese tuit. Pensaron que yo era la persona adecuada para esa tarea. Así pues, había llegado el momento de abrazar esta nueva fase de mi vida y estudiar mi interés por explicar la historia del espacio.

El primer tuit desde el espacio me había proporcionado una cierta notoriedad, y el interés público por la misión final al Hubble se salía de las gráficas en comparación con cualquier otra misión reciente del transbordador espacial. Se hicieron varios documentales en los que aparecíamos mis compañeros de tripulación y yo, incluyendo una película en formato IMAX: *Hubble 3D.* La NASA siguió pidiéndome que hablara en nombre de la agencia y que participara en eventos publicitarios de esa película y de otros proyectos para los medios. Me enviaron para representar a la NASA en el festival de cine South by Southwest, en Austin (Texas), y empecé siendo fichado para programas de televisión nocturnos, incluyendo ser alguien medianamente habitual en el programa *The late late show with Craig Ferguson,* en el canal de televisión CBS. Mientras iba apareciendo cada vez más en público, siguieron llegando más solicitudes. Cuando David Letterman y su familia fueron a ver un lanzamiento en el Centro Espacial Kennedy, el de la misión STS-132 en mayo de 2010, la NASA me pidió que le acompañara a él y a su familia en una visita a las instalaciones. Me lo pasé muy bien con David y su mujer, Regina, y sus invitados. Entonces, al cabo de más o menos una semana, David hizo que sus productores se pusieran en contacto con la NASA y me invitaron a participar en *The late show with David Letterman,* del canal de televisión CBS. Me encantaba todo esto, y además suponía una gran publicidad para la NASA. Estaba obteniendo una gran exposición en la televisión, las noticias y las producciones cinematográficas, y estaba conociendo a algunas de las personas exitosas y muy agradables que vivían en esos mundos. La gente quería saber más sobre las cosas emocionantes que la NASA estaba logrando en el espacio. Me alegró mucho explicárselo, y la NASA estaba contenta por tenerme como portavoz.

Entonces, la buena suerte llamó a mi puerta. Generalmente, en la vida intentamos planificar oportunidades para nosotros. Nos marcamos unos objetivos y luego intentamos conseguir las cosas que creemos que son necesarias para alcanzar estas metas; pero en otras ocasiones, todo lo que necesitamos es decir «Sí» a una oportunidad que se nos presente. Eso es exactamente lo que sucedió el día que estaba sentado frente a mi escritorio y recibí una llamada de Bert Ulrich, nuestro enlace entre la televisión y la industria del entretenimiento y el Departamento de Asuntos Públicos en los Cuarteles Generales de la NASA, en Washington D. C.

—Mike –me dijo–, ¿has oído hablar de *The Big Bang Theory*?

—Por supuesto que sí –le contesté–. Fue una gran explosión hace miles de millones de años que dio lugar al universo.

—No, no –contestó–, no la teoría en sí, sino la serie de televisión, *The Big Bang Theory*.

Sí, por supuesto que había oído hablar de la serie. Era una comedia muy popular sobre personajes que trabajan en el campo de la ciencia, la tecnología, la ingeniería y las matemáticas (CTIM). Bert prosiguió, explicándome que los productores y los guionistas de la serie eran muy partidarios de la NASA y del programa espacial, y que querían estudiar la posibilidad de escribir una trama en la que uno de los personajes de la serie va a la EEI. Querían hacer que fuera algo divertido, pero también creíble, y pidieron hablar con un astronauta para tomar algunas ideas. Bert pensó que yo era el astronauta adecuado para el trabajo.

Por lo tanto, volé hasta Los Ángeles, hice una llamada a los productores de la serie, y me invitaron a pasarme por la sala de sus guionistas en el Estudio de Warner Brothers, en Burbank. Llegué a la mañana siguiente y conduje atravesando las instalaciones, con los estudios de sonido que había visto que aparecían al principio de cada película de Warner Bros que había visionado. Era todo realmente genial. Aparqué en el exterior del pequeño edificio en el que se encontraban las oficinas, y me acompañaron hasta la sala de los guionistas, que disponía de una gran mesa de reuniones con unas quince personas sentadas a su alrededor. Estar ahí era emocionante y casi surrealista. «Aquí es donde todo sucede», pensé. Los cocreadores de la serie, Bill Prady y Chuck Lorre, estaban ahí, además de todos los guionistas. Una vez que empezamos a hablar y a conocernos, me di cuenta rápidamente de que me encontraba con un grupo de gente muy inteligente y divertida.

Me dieron la bienvenida y me acribillaron a preguntas, principalmente sobre los pequeños detalles divertidos de la vida de un astronauta, en los que nadie fuera del programa espacial piensa nunca, como, por ejemplo, cómo se ponen los apodos. Le dije al grupo que uno no puede escoger su propio apodo. Si lo intentas, podría salirte el tiro por la culata. Pasé al relato de un CANAS nuevo que era civil y no estaba familiarizado con el mundo militar, y de las directrices de la NASA para obtener un apodo. A este CANAS, un piloto de las Fuerzas Navales experimentado le preguntó si tenía un apodo. El CANAS le explicó que le encantaba *La guerra de las galaxias*, y que quería que le llamaran «Skywalker», ya que su personaje favorito era Luke Skywalker.

El piloto casi se atragantó al oír esto:

—Así que te gusta *La guerra de las galaxias*, ¿eh?

—¡Sí, mucho! –respondió en CANAS–. ¡Por favor, llamadme Skywalker!

El piloto se detuvo un momento para pensar un poco en su petición y luego respondió:

—No creo que Skywalker sea el apodo adecuado. ¡A partir de ahora te apodarás «Jar Jar Binks»!

Desde ese momento, a ese pobre CANAS se le ha conocido por el apodo «Jar Jar Binks», o más frecuentemente «Binks», para abreviar, y no hubo nada que pudiera hacer al respecto.

También les hablé de algunos de los detalles poco conocidos sobre ser un astronauta, como los reembolsos por los viajes. En cada viaje de trabajo que haces como empleado gubernamental, te dan unas órdenes de viaje. En un viaje de Houston a los Cuarteles Generales de la NASA, tus órdenes de viaje dirían: «De Houston (Texas) a Washington D. C. y regreso». También habría una cantidad listada en dólares para los gastos, como en transporte, alojamiento, comidas, etc. Ir al espacio no se diferencia de esto. Nunca olvidaré cuando tuve que firmar mis órdenes de viaje antes de poder ser lanzado al espacio. En el caso de ese «viaje de trabajo gubernamental», decía: «Del Centro Espacial Kennedy (Florida) a órbita baja de la Tierra y regreso». Sentí un especial alivio cuando leí «y regreso». Por lo menos la NASA estaba pensando en hacerme volver con vida. Entonces leí los detalles del viaje. Transporte: proporcionado (viajábamos en el transbordador espacial); alojamiento: proporcionado (dormiríamos en el transbordador espacial); comidas: proporcionadas (comeríamos la comida que la NASA almacenaría para nosotros en el transbordador espacial). Cada gasto del viaje era de cero dólares, excepto uno: Gastos imprevistos: 3,00 dólares diarios. Los gastos imprevistos eran para cosas como pequeñas propinas, chicle o cualquier otra cosa que surgiese, por si acaso. El Gobierno no pudo dar con una forma de que ese concepto fuera de cero dólares, así que al final de un vuelo espacial, cada astronauta recibe un cheque por tres dólares diarios. Lo que es incluso mejor es que según las normas gubernamentales, se consideraba que esa cantidad era un reembolso, así que, por lo tanto, estaba libre de impuestos. ¡No está mal como gratificación por un vuelo!

Tenía docenas de pequeñas historias como ésas sobre detalles, y a Bill, a Chuck y a los guionistas les encantaron. Al cabo de algunas horas de charla, de risas y de hacer amigos, había llegado el momento de que me despidiera y volviera al trabajo. Unos seis meses después recibí un *email* de Bill preguntándome si podría actuar y si me interesaría ir a la serie para hacer un cameo. Le contesté que me encantaría hacerlo, pero que el último papel destacable que había tenido como actor fue cuando interpreté a un pájaro en *Rufus Robin's day in court*, la obra teatral de nuestro curso cuando iba a tercero de primaria. Bill me dijo que no me preocupara por mi falta de experiencia en el mundo de la actuación. «Has sido tú mismo desde hace mucho tiempo —me dijo—, y simplemente queremos que seas tú». Al decir que sí, no tenía ni idea de lo genial que sería esta nueva aventura.

La primera escena en la que aparecí en la serie tenía que ver, casualmente, con los apodos. Howard Wolowitz, uno de los personajes, se está preparando para volar al espacio y quiere que le llamen Rocket Man («Hombre Cohete»), pero durante una conversación por Zoom con mi personaje, su plan se fastidia porque su complaciente madre le grita, y se la oye desde la habitación de Howard, mientras le dice que sus cereales de desayuno Choco Krispis se están quedando blandengues. Wolowitz se disculpa, a lo que le respondo. «Ningún problema, Choco Krispis», cargándole así con un apodo nada deseado.

Ese primer cameo dio lugar a seis más a lo largo de la serie, lo que me proporcionó un papel recurrente en uno de los programas de televisión más exitosos de la historia. Con el éxito que estaba encontrando en los medios, empecé a pensar en cómo podía dedicar mi trayectoria profesional posterior a la de ser astronauta a explicar la historia del espacio; a inspirar a personas de todas las edades a aspirar a lo más alto en su vida (aspirar a alcanzar las estrellas), al igual que yo hice en la mía. Como tenía una familia a la que mantener y la industria del entretenimiento nunca ha ofrecido la más estable de las trayectorias profesionales, pensé que podría compaginarla con otra plataforma más fiable para contar historias: las aulas. Cuando me seleccionaron como astronauta en 1996, era un profesor de Ingeniería aspirante a una titularidad en el Instituto de Tecnología de Georgia, y lo disfrutaba de verdad. Me gustaba dar clase, trabajar con alumnos e interactuar con el cuerpo docente. Sentía que estaba ayudando a los estudiantes jóvenes a convertirse en buenos ingenieros y ciudadanos. También me encantaban la energía y la cultura en torno a la universidad, los partidos de fútbol americano y los de baloncesto, y la sensación de un espíritu universitario. Incluso aunque tenía el corazón puesto en el programa espacial, sentía que había encontrado un empleo en el que podría ser feliz durante mucho tiempo.

Quiso la suerte que poco después de haber rechazado la oferta de Peggy Whitson de un vuelo de larga duración a la EEI, me volviera a llamar a su oficina una vez más para informarme de que la Universidad Rice, que se encontraba cerca, en el centro de Houston, estaba buscando ayuda de la NASA para fundar un nuevo consorcio para la investigación espacial y económico llamado Instituto Espacial Rice. La NASA había decidido prestar a la Universidad Rice a uno de sus empleados como director ejecutivo para ayudar en la fundación del instituto, y quería enviarles mi nombre para que me tuvieran en cuenta. Eso era exactamente lo que necesitaba. Presenté mi candidatura a la elección y obtuve el puesto. El nombramiento era por un año, y me proporcionó la oportunidad de ver qué tal sería volver a una universidad mientras seguía formando parte de la NASA.

Disfruté regresando al entorno académico en la Universidad Rice. Era como todo lo que había disfrutado en el Instituto de Tecnología de Georgia y más. Entonces, mientras me encontraba en mi puesto en la Universidad Rice, hice un viaje a la ciudad de Nueva York para dar una charla en mi *alma mater*, la Universidad de Columbia. Estaba almorzando con el decano de la Escuela de Ingeniería, Don Goldfarb, y me preguntó si estaría interesado en hacer en Columbia lo mismo que lo que estaba haciendo en Rice, uniéndome al cuerpo docente mientras me tomaban prestado de la NASA. Me asignarían el Departamento de Ingeniería Mecánica, donde desarrollaría y daría clases de un nuevo curso: «Introducción al vuelo espacial humano». También ayudaría con las investigaciones y orientaría a los estudiantes interesados en la investigación y una trayectoria profesional relacionadas con el espacio.

Aproveché la oportunidad. Esto sería algo más que, simplemente, otra oportunidad para probar suerte en el mundo académico. También sería una oportunidad para regresar a casa: al hogar de la universidad que me había educado como estudiante de grado, y también al hogar que representaba Nueva York, en la capital mundial de los medios, con oportunidades para compartir mis experiencias a través de los distintos medios de comunicación ubicados en la ciudad. Lo consulté con la NASA, que aprobó el plan, y pasé el siguiente año repartiendo mi tiempo entre Houston y Nueva York, volando de una ciudad a la otra, trabajando todavía con la NASA, enseñando a alumnos jóvenes en las aulas y apareciendo frente a las cámaras para explicar la historia del espacio siempre que podía. Me encantaba la vida.

Durante esos meses, sentí cada vez más como si supiera lo que tenía que hacer: que había llegado el momento de abandonar la NASA para seguir una nueva trayectoria profesional, pero todavía quería tener la certeza. Me puse en contacto con el grupo de antiguos astronautas a los que conocía, pidiéndoles consejo. Como era de esperar, las palabras más sabias procedieron de mi mentor de los paseos espaciales, Alan Bean. Fui a casa de Alan una tarde para pasarme a verle. Tenía entonces cerca de ochenta años, y había hecho una transición muy exitosa a una nueva vida después de haber sido astronauta, decidiendo dedicarse a su segunda pasión: la pintura. Este ingeniero y piloto de pruebas que había caminado sobre la superficie de la Luna también pintaba representaciones increíblemente precisas del espacio, documentando sus experiencias y las de sus compañeros astronautas del programa espacial Apolo de una forma singular y hermosa. Nunca he visto a nadie con unos talentos más potentes de la parte izquierda y la derecha del cerebro combinados en el interior de un cráneo.

Le dije a Alan que estaba pensando en un cambio, y me dijo que considerara el abandonar la Oficina de Astronautas no como un final, sino más bien como una transición hacia una nueva fase en la vida. Dijo que cuando él se fue, pensó en muchas opciones: quedarse en la NASA en un puesto distinto, hacerse empresario o convertirse en piloto de líneas aéreas comerciales, para así poder seguir volando; pero al final decidió considerar su trayectoria profesional posterior a la de astronauta como una oportunidad de dedicarse a un segundo sueño. Decidió dedicarse a su proyecto de convertirse en pintor, lo que nutriría la parte artística de su personalidad.

No fue fácil, me advirtió, especialmente desde el punto de vista económico. Leslie y él no dispusieron de demasiados ingresos durante un tiempo, y tampoco tenían muchos ahorros a los que recurrir. Los astronautas son funcionarios, empleados gubernamentales. Nos pagan bien, pero ganamos mucho menos de lo que nos pagarían por nuestras habilidades y talentos en el sector privado. Alan y Leslie tuvieron que sacrificarse y vivir frugalmente. Afortunadamente, los sacrificios que hicieron dieron sus frutos, y Alan fue feliz y tuvo un enorme éxito en la nueva profesión que había elegido.

Hablamos durante un par de horas. Me despedí de Leslie y le di las gracias por compartir a Alan conmigo esa tarde. Mientras Alan me acompañaba al coche, me dio un consejo más: «Mike —me dijo—, independientemente de lo que decidas hacer en esta siguiente etapa de tu vida, no lo hagas con la sensación de que tienes derecho a algo. Nunca pienses que alguien te debe algo, porque creerte con derecho a algo es el beso de la muerte para una vida feliz y productiva».

Alan y yo conocíamos a un par de astronautas que, lamentablemente, habían acabado siguiendo ese camino, pensando de sí mismos después de su etapa en la NASA: «Oye, yo he volado al espacio. He hecho todas estas cosas sorprendentes, y las hice por no mucho dinero. Arriesgué mi vida por mi país y en nombre de la ciencia, así que merezco alguna recompensa en mi vida». Sin embargo, ésa es una forma de pensar horrible, porque cuando esas recompensas no llegan, la sensación de tener derecho a algo se enquista y cuaja en forma de resentimiento e ira.

En cualquier momento en el que sientas que la vida te debe algo, puedes tener la certeza de que nunca serás feliz. Deberías hacer lo que haces en la vida porque te encanta hacerlo, porque estás intentando formar parte de algo más grande que ti mismo, porque quieres hacer algo grande con tu vida y devolver algo a los demás. Como astronauta, se te da la oportunidad de hacer algo genial con tu vida mientras estás en la NASA, pero también se te da la oportunidad de hacer algo grande con tu vida después de abandonar el programa. Sin embargo, no puedes, simplemente, esperar que te lo den, porque no se te debe nada.

Mientras pasaba por la fase de averiguar cuál sería esa siguiente fase en mi vida, los Houston Astros estaban celebrando el aniversario de su quincuagésima temporada en las Grandes Ligas de béisbol. Como a lo largo de los años había desarrollado una amistad con algunos de los miembros de su directiva, me invitaron a una fiesta de celebración en el centro de Houston. Varios de los jugadores legendarios del equipo estaban ahí, y en un momento del programa de la fiesta cada uno de ellos fue invitado a subir al escenario. Algunos eran octogenarios, y caminaban con la ayuda de un bastón. Pude ver a estas estrellas que recordaba de cuando era niño: tipos como Jimmy Wynn «el Cañón de Juguete»; Jerry Grote, que fue el receptor estrella de los New York Mets, el equipo campeón del mundo en 1969; y a Nolan Ryan, miembro del Salón de la Fama y el mejor lanzador con eliminaciones de bateadores de todos los tiempos.

El último jugador al que presentaron fue Larry Dierker, que debutó como lanzador en las Grandes Ligas con los Astros el día de su decimoctavo cumpleaños en 1964, y eliminó a Willie Mays en la primera entrada del partido. Larry Dierker fue un jugador estrella de los Astros en las décadas de 1960 y 1970, y además dirigió al equipo durante cuatro temporadas. Una vez en el escenario, Larry subió al podio para pronunciar algunas palabras en nombre del grupo. Dio las gracias a todos por estar ahí y le dio las gracias a la organización por todo lo que había hecho por sus jugadores a lo largo de las décadas. Entonces se puso más reflexivo con respecto al significado de esa reunión y habló del estado de ánimo y los pensamientos del grupo reunido en ese escenario.

«Un día tienes dieciocho años y eliminas a Willie Mays –dijo–, y crees que eso seguirá siendo así durante el resto de tu vida. De repente tienes sesenta y cinco años y estás sobre un escenario con todos tus compañeros, y te dices a ti mismo: "¿Qué ha sucedido?". Pero todos nosotros, en esta etapa, pensamos en nosotros mismos como ese muchacho de dieciocho años con un uniforme de béisbol ahí fuera, en un campo de béisbol las Grandes Ligas. Eso es lo que ser un jugador de las Grandes Ligas significa para nosotros. Así de importante fue para nosotros. Todavía es como nos vemos a nosotros mismos hoy y como nos veremos durante el resto de nuestra vida: como jugadores de las Grandes Ligas de béisbol».

Mientras estaba ahí de pie, entre la multitud, las palabras de Larry me llevaron de vuelta a los últimos días de mi vuelo en la misión STS-125: dos de los mejores días de toda mi vida. Mientras nos estábamos preparando para regresar a casa de ese vuelo, alrededor de un segundo después de ponerme mi traje de lanzamiento y reentrada, nos legó una llamada del CCM con un gran regalo: mal tiempo en Florida. Eso hacía que aterrizar en el Centro Espacial Kennedy fuera imposible, y el día planeado para nuestra reentrada se convirtió en un día que se podía dar por perdido. Conseguimos otro día entero en el espacio, un día en el que no teníamos nada que hacer. No había nada en el plan de vuelo que representara trabajo, ya que se suponía que teníamos que estar volando de vuelta a casa. Tuvimos que encender la cocina y el sistema de contención de residuos (nuestro retrete espacial), pero eso fue prácticamente todo. A parte de eso, fue un día libre. Al día siguiente sucedió lo mismo. Más mal tiempo y otro día libre en el espacio. El tercer día acabaron por desviarnos para que aterrizáramos en la base Edwards de la Fuerza Aérea, en California, pero hasta que eso sucedió disfrutamos de dos días libre enteros en el espacio. Pasé esos dos días plantado justo delante de las ventanas de la cabina de vuelo del Atlantis, mirando a nuestro planeta y al universo a mi alrededor. Me encantaba escuchar música en el espacio, y llegados a ese punto había seleccionado una lista de reproducción perfecta para orbitar la Tierra. Escuché la banda sonora de la película *¿Conoces a Joe Black?,* compuesta por Thomas Newman, mientras contemplaba la constelación de la Cruz del Sur por la noche; *In my place,* de Coldplay, durante las pasadas diurnas sobre África; *Why should I cry for you,* de Sting, mientras pasábamos por el océano Pacífico iluminado por la luz del Sol; y prácticamente cualquier tema de Radiohead mientras observaba puesta de Sol tras puesta de Sol. Estaba en el cielo.

Mis compañeros de tripulación, por otro lado, se estaban poniendo un poco ansiosos. No sabían qué hacer con el tiempo libre que tenían entre manos. Montaron una sala de cine improvisada en la cabina intermedia y vieron películas. Llegado un cierto momento, mientras estaba observando unas tormentas iluminando las nubes que había sobre Australia por la noche, mi amigo y compañero de tripulación Drew Feustel me llamó desde la cabina intermedia:

—¡Oye, Massimino —me gritó—, ven aquí!

—¿Por qué? —le dije, todavía fascinado por la vista milagrosa por debajo de mí.

—Estamos a punto de ver *Súper Nacho* —me dijo, con una cierta urgencia.

—¡Gracias —le grité de vuelta—, pero la veré después de que hayamos aterrizado!

Súper Nacho es un filme muy divertido, y yo soy un gran fan de Jack Black, pero de ningún modo iba a pasar mis últimas horas en el espacio viendo una comedia sobre lucha libre. Mientras flotaba y admiraba las vistas que había ahí fuera, a través de las ventanas del transbordador espacial, tuve tiempo para perderme en la belleza que había a mi alrededor y para pensar en la misión y en cómo esto era la culminación de todo aquello con lo que había soñado siempre, la oportunidad entre un millón que había convertido en realidad. Al igual que esos jugadores de las Grandes Ligas de béisbol, cuando tenga ochenta años y camine sobre un escenario con la ayuda de un bastón en algún evento de celebración de un aniversario, siempre pensaré en mí en ese momento, en el punto álgido de mi trayectoria profesional, habiendo acabado de dar nueva vida al telescopio espacial Hubble, flotando sobre la Tierra y observando a toda la civilización humana se movía allá abajo. Ésa es la cosa más grande que haya hecho nunca. Nada puede superarlo, pero no haría sino arruinar ese recuerdo si no fuera capaz de seguir adelante a partir de él. Al escuchar a Larry Dierker, me di cuenta de que después de cualquier gran logro debes aprender a hacer lo imposible: debes ser capaz de desprenderte de algo, pese a que lo llevarás en tu interior para siempre.

Así que eso es lo que hice. Cuando mi puesto como profesor invitado de un año de duración en la Universidad de Columbia estaba llegando a su fin, la universidad me ofreció una plaza a jornada completa, y dije que sí. Había encontrado esa fase siguiente para mi vida: enseñar a la siguiente generación de soñadores y científicos mientras seguía teniendo un pie dentro del mundo de los medios de comunicación para continuar explicando la historia del espacio. Me había llevado cinco años tomar esa decisión, cinco años de no saber qué debería hacer, cinco años de tener miedo de arrepentirme de cualquier decisión que tomara, pero ahora me sentía como si hubiera vuelta a aterrizar en la Tierra. Di con mi nueva fase, con mi nuevo hogar.

Mi último día en la NASA fue el lunes 28 de julio de 2014. Habían pasado casi dieciocho años desde que me habían tomado juramento como astronauta en el Centro Espacial Johnson. Escogí un lunes como mi último día para así poder asistir a la reunión de los lunes por la mañana en la Oficina de Astronautas en la Sala 6600 y para despedirme por última vez. En esa época, Bob Behnken había sustituido a Peggy Whitson como jefe de la Oficina de Astronautas. Bob empezó dándome las gracias por mis servicios a la Oficina del Astronauta y a la NASA y dijo que era bienvenido para ir de visita en cualquier momento. Entonces me ofreció la oportunidad de pronunciar unas palabras. Fui hacia la parte delantera de la mesa de reuniones y eché un vistazo alrededor de la misma sala en la que me había sentado durante mi primera reunión de los lunes por la mañana dieciocho años antes. Todas las insignias que habían estado en la pared desde 1996 seguían ahí, pero desde entonces se habían añadido muchas más, incluyendo las de las misiones STS-109 y STS-125, que llevaban mi nombre en ellas. Los nombres de mis compañeros de promoción de las Sardinas también estaban en esas paredes, incluyendo los de Laurel Clark, Willie McCool y Dave Brown en la insignia de la misión STS-107 (la insignia de la tripulación del Columbia que había caído en acto de servicio).

Habían pasado muchas cosas a lo largo de esos dieciocho años. Se había construido la EEI, se habían efectuado operaciones de mantenimiento del Hubble, se estaban planeando vuelos comerciales de tripulaciones, y muchos astronautas se habían ganados sus alas. La mayoría de mis compañeros de curso de la promoción de las Sardinas habían dejado la NASA, pero quedaban algunos. También había una nueva promoción de astronautas, la de «Las Bolas 8». Observé sus rostros jóvenes mirándome con las expresiones entusiastas y llenas de energía que tan bien conocía. Les di las gracias por permitirme unos minutos para hablar. Les dije lo agradecido que estaba por la oportunidad de formar parte de esta organización, de esta familia, durante dieciocho años. Aunque abandonaba la Oficina de Astronautas, no abandonaba a la Familia de Astronautas, ya que se trataba de una relación para toda la vida. Me mantendría en contacto, y si alguna vez podía ser de alguna ayuda en esa sala, me sentiría honrado de echar un cable. Añadí que estaba ilusionado con mi nueva etapa en la vida, pero que siempre echaría de menos a la gente en esa sala y las experiencias que había vivido ahí.

Recibí una bonita ovación, estreché algunas manos, me tomé algunos selfis con mis amigos, y entonces llegó el momento de irme. Entregué mi ordenador y mi teléfono móvil, recogí todos mis recuerdos, los cargué en mi coche y me dirigí hacia la verja delantera, donde tenía una última cosa que hacer. Entregué mi chapa identificativa de astronauta de la NASA, cambiándola por una chapa identificativa nuevecita de «antiguo astronauta», lo que significaba que podía regresar allí a hacer una visita. Eso me hizo sentir que todavía formaba parte de la familia. Sigo sintiéndome así hoy día. Una vez que eres una astronauta de la NASA sigues siendo un astronauta de la NASA de por vida. Los lazos que tenemos nunca podrán romperse.

Ahora hace casi una década que dejé la NASA. Al principio dudé muy en serio de mi decisión. ¿Cómo podía abandonar el trabajo de mis sueños? ¿Cómo podía haber renunciado a una designación para un vuelo espacial? Frecuentemente me encontraba lleno de arrepentimiento. «Arrepentimiento» es una de las palabras que menos me gusta: es algo que debe evitarse a cualquier precio. Para mí significa que has tomado una decisión por las razones equivocadas y que no puedes conseguir una segunda oportunidad para volver a tomar esa decisión, lo que puede conducir a la insatisfacción y la infelicidad. Si la cosa se pone lo suficientemente mal, puede hacer que la vida sea prácticamente invivible; pero con cualquier gran decisión, una pizca de arrepentimiento es probablemente inevitable. Cuando eso sucede, me permito treinta segundos de arrepentimiento y luego sigo adelante.

Avanzar hacia la siguiente fase supuso un salto de fe, pero a lo largo de los años mis dudas se han visto reemplazadas por la gratitud por todo lo que he descubierto desde entonces. La exploración del espacio sigue siendo mi gran amor (aparte de mi mujer, mi familia y mis amigos), y siempre lo será, pero he aprendido que sigo formando parte del programa espacial, y ahora tengo la oportunidad de compartir mis experiencias en el aula con mis alumnos de la Universidad de Columbia; con los visitantes del Museo Naval, Aéreo y Espacial del Intrepid, en el que soy asesor espacial; y con público en docenas de discursos inaugurales cada año en eventos y conferencias; con un público mayor en mis frecuentes apariciones en la televisión para hablar sobre avances actuales en la exploración del espacio; y contigo al escribir este libro. Ahora tengo pocas dudas.

Por lo tanto, cuando te enfrentes a un cambio en la vida o en los negocios, acéptalo. Para hacerlo, aquí hay algunas cosas que puedes tener en cuenta:

- Recuerda que nada es permanente. La única constante es el cambio. Puede que lo que estuvieras haciendo y que te encantaba no estuviera predestinado a durar para siempre. Puede que sólo estuviera predestinado a durar tanto como lo hizo de modo que pudiera conducirte a algo nuevo.
- Considera el cambio no como una pérdida, sino como una oportunidad para algo nuevo y quizás incluso mejor.

- Piensa en tu nueva fase como en un primer paso en un paseo espacial hacia lo desconocido. Puede que no sepas lo que te espera, pero hay muchas posibilidades de que sea glorioso.
- La razón por la cual fuimos a la Luna es la misma razón por la cual, en primer lugar, abandonamos las cuevas: la curiosidad humana básica con respecto al mundo de lo desconocido. Recuerda siempre que hay más vida ahí fuera y que te debes a ti mismo averiguar qué es.

No siempre controlamos lo que sucede en la vida, especialmente los grandes cambios como el fin del Programa del Transbordador Espacial o una pandemia global que lo cambia drásticamente casi todo. Lo que sí controlamos es nuestra perspectiva y nuestra reacción frente a estas cosas. La vida te va a lanzar algunos problemas. El mundo será un lugar completamente distinto dentro de diez años. Es inevitable. Elige aceptarlo y serás mucho más feliz que si no lo hicieras.

EPÍLOGO

Así que aquí lo tienes: algunas de las muchas lecciones que aprendí en la NASA y en otros lugares, las que más han tocado la fibra sensible a la gente desde que dejé el programa espacial hace casi una década. Echo de menos mi época en la NASA. Añoro a mis amigos, a mis colegas. Echo de menos entrar en el Centro de Control de la Misión para trabajar otro turno, incluso el nocturno). Añoro volar en el T-38 con Scooter, haciendo acrobacias sobre el golfo de México y surfeando las nubes. Desearía poder hacer un viaje más en el transbordador espacial para hacer el mantenimiento de Hubble con mis compañeros de tripulación y contemplar la magnífica vista de nuestro planeta y del universo; pero pese a que echo de menos estas cosas, estoy muy agradecido por haber tenido la oportunidad de experimentarlas todas y también porque esa época de mi vida me ha llevado hasta donde me encuentro ahora, porque la vida que llevo ahora también es extraordinaria.

Antes de mi primer vuelo espacial, mi compañero de tripulación y amigo John Grunsfeld me dio un consejo mientras me dirigía a una de mis clases de fotografía en el espacio. «Massimino —me dijo—, cuando regreses del espacio te quedarán dos cosas: fotos y recuerdos, y los recuerdos se desvanecen». Pese a que mis recuerdos siguen siendo bastante vívidos, hace poco me recordaron lo importante que es ese consejo. Estaba viendo algunos de los vídeos grabados con la cámara de mi casco procedentes del paseo espacial en el EITE descrito en este libro. Nunca antes había visto esas grabaciones, ni siquiera una vez en los catorce años que habían pasado desde el vuelo. Verlas me mostró que, tras solucionar el problema con el pasamanos, después de más de una hora de intenso trabajo en equipo y de resolución de problemas, Drew Feustel simplemente me asignó la siguiente tarea que aparecía en mi lista de comprobación. Lo dijo con un tono de voz estándar, casi como si no se hubiera producido ninguna emergencia. Debíamos regresar al trabajo. Sin embargo, en lugar de cumplir la acción solicitada, le pregunté a Drew si podía tomarme un minuto. Entonces, simplemente me eché hacia atrás y me tomé un momento para recuperarme del intenso episodio. Miré hacia nuestro planeta y me preparé mentalmente para seguir, estando extremadamente agradecido por disponer de una segunda oportunidad. Treinta segundos después volvía a dedicarme a mi tarea. Ver ese vídeo me recordó lo emotivo que fue ese maravilloso día, a 560 kilómetros de distancia de nuestro planeta; y cómo me ayudó a dar forma a quién soy en la actualidad (como muchas de las experiencias que viví en la NASA y desde entonces).

Cada persona, suceso y momento que formaron parte de mis dieciocho años en la NASA fueron importantes, pero hablar y escribir sobre ellos me proporciona la oportunidad de recordarme qué hizo que todo fuese tan especial, como ver ese vídeo filmado con la cámara del casco durante mi AEV. Sin embargo, ahora puedo compartir esos recuerdos con mucha más gente. Aprecio al público que está interesado en escuchar y agradezco que mis historias hayan sido de utilidad para otras personas para avanzar por el viaje que supone la vida. Espero que mis lecciones sobre los vuelos espaciales, ahora transmitidas a vosotros, los que habéis leído este libro, puedan ayudaros a alcanzar vuestro mayor sueño, vuestra propia aspiración a lo más alto.

Buena suerte y que Dios te acompañe en tu viaje.

AGRADECIMIENTOS

Muchas personas han tenido un papel a la hora de ayudarme a escribir este libro. Es una lista larga, pero déjame intentarlo:

- A mi coescritor, Tanner Colby, que me acompañó a lo largo de otro viaje literario mientras compartía su extraordinario talento con la escritura.
- A mis agentes literarios de la United Talent Agency, Byrd Leavell y Dan Milaschewski, que me ayudaron a formular la idea para este libro y a convertirlo en una realidad.
- A mi editor, Dan Ambrosio, y al equipo del grupo editorial Hachette Book Group, que tuvieron la confianza en mí para avanzar con el proyecto y orientarlo a lo largo de todo el camino.
- A mis amigos, colegas y familiares, que me hicieron conservar mi honestidad y se aseguraron de que no cometiese errores con las historias (en orden alfabético):
- Scott *Scooter* Altman, Jeff Ashby, Leslie Bean, John Blaha, Charlie Bolden, Dan Burbank, Drew Feustel, Mike Fincke, Robert *Hoot* Gibson, John Grunsfeld, Greg *Ray J* Johnson, Jim *Vegas* Kelly, Tony LaRussa, Jessica Marinaccio, Fran Massimino, Gabby Massimino, Daniel Massimino, Megan McArthur- Behnken, Don Pettit, Bill Prady y Rick *CJ* Sturckow.
- A mi familia: Gabby, Daniel, Fran, Olivia, Nate, Joe, Helene, Casey, Eddie, Leah, Leo y Matt, por su amor y apoyo.
- Por encima de todo, muchas gracias a mi mujer, Jessica, que siempre me guarda las espaldas y es la dueña de mi corazón.

ÍNDICE